Catherine Tobler

Fred und Anna Wollner

Makrobiotik
leicht gemacht

Einführung in die Makrobiotik und
Tagesmenüs für fünf Wochen

Verlag Simon & Wahl

Makrobiotik leicht gemacht

1. Auflage Dezember 1988
2. Auflage Januar 1990
3. Auflage Januar 1992
4. Auflage Februar 1995
© Verlag Simon und Wahl, Am Mauret 2, 85116 Egweil
Alle Rechte vorbehalten

Satz: Absatz Typographisches Büro, 2812 Hoya
Druck: Druckerei Rumpel, Nürnberg

ISBN 3-923330-65-0

Dieses Buch ist all jenen gewidmet,
die eine Antwort suchen
und bereit sind, solange zu suchen,
bis sie ihre eigene Antwort finden.

Geschrieben in Dankbarkeit und Liebe
für Zeané und MayLi Lao Shin, deren
liebevolle und geduldige Führung
und Unterstützung uns auf unserem
Lebensweg begleitet.

Inhaltsverzeichnis

Vorwort

Sie haben sich entschlossen, eine neue Diät auszuprobieren und fünf Wochen lang die Rezepte in diesem Buch zu befolgen. Was immer Ihre Gründe sein mögen, es wird nicht immer einfach sein, denn der Mensch ist ein Gewohnheitstier und jede Umstellung ist mühsam.

Makrobiotik ist nicht nur eine Diättheorie, sondern eine Lebensphilosophie: das Erkennen der Energien und deren Qualitäten in und um uns herum und das Beobachten ihrer Wirkungen auf uns. Durch bewußtes Essen können Sie vieles über sich erkennen lernen. Der Sinn dieses Buches ist nicht, Sie mit Theorien vollzustopfen, sondern Sie die Wirkung der Nahrung persönlich erfahren zu lassen. Durch das Befolgen der folgenden Menüvorschläge werden sich einige Fragen klären, womöglich aber noch viele mehr auftauchen, aber diesmal gezielt und für Sie bestimmt.

Durch das ganze Buch hindurch werden Sie Hinweise finden, wo und wie Sie sich intensiver mit der Materie befassen können. Der wichtigste Bereich ist jedoch erst einmal Ihre Küche.

An dieser Stelle sei auch allen ungenannten direkten und indirekten Mitwirkenden an diesem Buch Dank ausgesprochen, vor allem aber auch unseren Eltern, die uns das Licht der Welt erblicken ließen und uns damit die Reise durch dieses Leben ermöglichten.

Einleitung

Immer mehr Menschen überlegen heute, wie sie bei all den Problemen und Schwierigkeiten unserer Zeit einen Schlüssel zu einer gesunden und harmonischen Lebensweise finden können.

Wir müssen nämlich erkennen, daß in unserer hochtechnisierten und stark wissenschaftsorientierten Welt unheilbare oder chronische Krankheiten eher zu- als abnehmen. Für lange Zeit war man überzeugt, für jede Krankheit oder jedes Umweltproblem ließe sich eine Lösung finden.

Nach und nach wird uns aber bewußt, daß ein wirklich ausgeglichener, harmonischer Zustand nicht so einfach zu erreichen ist.

Das Paradoxe dabei ist, daß wir die Antworten auf unsere Fragen meist übersehen oder als belanglos abtun, da sie uns als zu einfach und naheliegend erscheinen.

In diesem Buch wollen wir einen Einstieg in eine uralte asiatische Tradition des Essens und der Lebensführung vermitteln.

Dies mag vorderhand exotisch erscheinen, aber man bedenke, daß wir viele Exotica übernommen haben, die sich nicht gerade als gesundheitsfördernd erwiesen haben (z.B. Kaffee und Tabak).

Wir haben uns bemüht, in den nachfolgenden Kapiteln darzustellen, wie man diese einfache und naturgemäße Lebensweise, die Makrobiotik, auch unter unseren Lebensumständen verwirklichen kann.

„Makrobiotik" ist ein europäischer Begriff - wörtlich übersetzt bedeutet er „Großes Leben" - der die traditionelle Ernährungsform der strengen Zen-buddhistischen Mönche in Japan bezeichnet.

Das tiefe Verständnis dieser Mönche über Nahrungsaufnahme und gesundes, glückliches Leben findet allmählich auch hierzulande auf verschiedenen Ebenen Interesse und Anklang.

So schreibt Dr. Bruker, einer der bekanntesten Verfechter der Vollwertkost, in einem Artikel über Vitamin B_{12}:

„Zen-Mönche beschränkten sich jahrhundertelang streng auf Pflanzenkost, dabei galten sie als die gesündesten und langlebigsten Glieder der Gesellschaft." (aus: Vegetarier 4/84, S. 3)

Es gibt heute viele „alternative" Ernährungsratgeber und -formen, wie Rohkost, Vollwertkost oder Vegetarismus im allgemeinen. Sie alle sind eine Antwort auf die intensive Fleischernährung, die wir seit 40 bis 80 Jahren in Europa praktizieren. Ein kurzfristiger Erfolg läßt sich damit sehr oft erzielen, auf lange Sicht beobachtet, sind die Ergebnisse oft etwas einseitig, da man dabei den Wert des Kochens und der Zubereitung unserer Nahrung unterschätzt. Daß Kochen nicht unbedingt ein Zerstörungsprozeß ist, werden wir in späteren Abschnitten genau erklären, ebenso den „meßbaren" Wert der makrobiotischen Ernährung (wie Vitamine, Mineralstoffe, essentielle Aminosäuren).

Über den unschätzbaren und unmeßbaren Wert der makrobiotischen Ernährung können wir nur sagen, daß sich in Asien jahrtausendelang riesige Populationen gemäß der — erst später entstandenen — Zen-Philosophie ernährten.

Man verzichtete dabei fast gänzlich auf Fleisch, Milch oder Eier — nur die seltenen Feste waren eine Ausnahme. Dabei sind diese Völker die fruchtbarsten, die wir heute kennen.

Lao Tse sagte:
Hältst du das Große Bild in Händen,
Wird sich das Erdreich zu dir wenden.
Sich zu dir wenden und frei sein von Leid -
Friede, Gleichheit, All-Einigkeit!

Klang von Musik und Wohlgeruch der Speisen:
Die Fremden hält es, die vorüberreisen.
Doch was der Weg an Worten bietet dar,
Ist ohne Duft und Köstlichkeit dem Munde.
Wer es erblickt, den dünkt es unscheinbar;
Wer es vernimmt, nimmts nur mit Mühe wahr;
Wer es gebraucht, kommt aber nie zum Grunde.

Wenn wir darüber nachdenken, finden wir vielleicht eine Antwort, warum es uns so schwerfällt, von vielen unserem Wohlbefinden nicht zuträglichen Nahrungsmitteln Abschied zu nehmen (zum Beispiel Mehl, Zucker, Fleisch). Es sind nicht wirklich die Proteine, die Vitamine und die Mineralien, die uns gesund und glücklich machen - wer von uns hat sie beim Essen je bemerkt? Die Antwort ist viel näher, aber auch viel ungreifbarer - sie liegt in uns, in unseren Taten, Gedanken und Wünschen. Beim täglichen Einnehmen unserer Nahrung sind diese drei immer dabei - lernen wir sie kennen und lenken wir sie bewußt in die Richtung, die für uns das Leben bedeutet!

Sie finden in den einzelnen Kapiteln einige Nähr- und Wirkstofftabellen über die wichtigsten Nahrungsmittel sowie einige Hinweise, warum manche Nahrungsmittel mehr oder weniger empfehlenswert sind.

Da wir aber am meisten aus unseren Erfahrungen lernen, empfehlen wir Ihnen, sich vorerst an die Tagesmenüs im zweiten Teil des Buches zu halten.

Wir selbst haben uns in den letzten zehn Jahren nur im Vertrauen auf die Weisheit der alten asiatischen Tradition ernährt und deren Empfehlungen möglichst genau eingehalten. Der analytische, wissenschaftliche Teil wurde nur deshalb angeführt, weil der Glaube an Naturwissenschaft und Medizin um vieles größer ist als unsere eigene Verbindung zu Natur und Leben.

Wir haben die Tabellen nicht angeführt, damit sich jeder die einzelnen Mengen an Vitaminen, Eiweißen und Mineralstoffen täglich zusammenrechnet. Die Tabellen sollen nur zur Klärung vieler Mißverständnisse und Irrtümer dienen, die in bezug auf die makrobiotische Ernährung bestehen.

Wir können niemals verstandesmäßig wissen, ob wir richtig handeln oder nicht. Deshalb sollten wir nicht nach äußerlichen (wissensbezogenen) Antworten für unser Leben suchen, sondern lernen, in uns hineinzuhorchen - auf jene Stimme, die eigentlich in jedem Moment zu uns spricht.

In diesem Sinne wünschen wir allen viel Mut, Ausdauer und Kraft, besonders für die folgenden fünf Wochen.

Jedoch, wer weiß, vielleicht finden Sie auch Freude und Wert in dieser makrobiotischen Lebens- und Ernährungsweise und wenden Sie über diese 35 Tage hinaus weiter an.

Empfehlungen für den langsamen Einstieg

Wenn Sie aus irgendwelchen Gründen nicht sofort hundertprozentig mit dieser Ernährungsweise beginnen wollen oder können, ändern Sie in kleinen, aber nicht unwichtigen Bereichen Ihre Gewohnheiten.

Hier einige Beispiele:

Verwenden Sie Meersalz anstelle von Kochsalz.

Verwenden Sie anstelle von Butter Reformmargarine und reduzieren Sie die Menge.

Vermeiden Sie Instant- und Dosengerichte und soweit als möglich Eßwaren mit chemischen oder raffinierten Zusätzen (zum Beispiel Konservierungsmittel, Zucker als Starter und so weiter)

Nehmen Sie soweit als möglich Saisongemüse und -früchte.

Meiden Sie tropische Früchte und Gemüse.

Verwenden Sie täglich etwas Miso.

Mischen Sie Ihren Bohnenkaffee mit Getreidekaffee, anstatt ihn pur zu trinken.

Verwenden Sie mehr und mehr Vollgetreide.

Essen Sie Vollkornbrot anstatt Weißbrot.

Reduzieren Sie Ihren Fleisch- und Zuckerkonsum.

Wenn Sie diese Vorschläge beachten, werden Sie schon bald eine Veränderung in sich spüren.

Unsere Grundnahrungsmittel

Getreide

Wir kennen sieben Getreidesorten: Reis, Weizen, Gerste, Hirse, Hafer, Mais, Roggen. Als achtes verwenden wir Buchweizen (ist jedoch ein „wildes Gras").

Das weltweit am meisten verwendete Getreide ist der

Reis

Von allen Getreidesorten ist er die einzige, die von Hand Pflanze für Pflanze in den Sumpf gesetzt werden muß.

Maschinen können dabei (wie bei anderen Getreiden) nicht verwendet werden. Er wird demnach mit großer Sorgfalt und Aufmerksamkeit gepflanzt. Eine Pflanze, die ja auch lebt und fühlt, empfindet und entwickelt sich ganz anders, wenn sie von Menschenhand, mit Liebe und Sorgfalt gepflanzt und gepflegt wird als durch eine tote Maschine. Wir wiederum, die diese Pflanzen zu uns nehmen, essen trotz gleicher Form verschiedene Pflanzen, einfach ausgedrückt, essen wir glückliche und unglückliche, geliebte und ungeliebte Pflanzen, und das wiederum beeinflußt uns selber.

In der Makrobiotik schreibt man ihm die stärkste Ausscheidungskraft von Gift- und Schlackenstoffen aus dem Körper zu. Auch in der westlichen Medizin ist bekannt, daß Reis entwässert und sein häufiger Verzehr die Flexibiltät der Blutgefäße erhöht.

Wenn Sie also zum Beispiel Wasser in den Beinen haben oder nicht Wasser lassen können, essen Sie für einige Tage Reissuppe (Okayu) als Hauptnahrung. Vermeiden Sie aber dabei, salzige Sachen zu essen. Salz hält das Wasser nämlich im Körper zurück.

Vollreis sollte nach Möglichkeit mindestens einmal pro Tag als Hauptgericht gegessen werden.

Reis wird übrigens schon biologisch in Europa angebaut. In Italien, Frankreich und Spanien wird nach traditionellen Methoden Reisanbau betrieben.

Die anthroposophische Richtung spricht oft davon, daß jede Kultur ihr eigenes Getreide und eigene Nahrungsmittel hat.

Das stimmt grundsätzlich auch, und es wäre nichts dagegen einzuwenden, wenn wir auf den sogenannten Urweizen (Dinkel) oder „heimisches" Getreide zurückgreifen würden. Nur muß man heute eher von einer „Un-Kultur" und Degeneration auf verschiedensten Ebenen sprechen. Angesichts dieses Wandlungsprozesses unserer Kultur und Notwendigkeit der kräftigen Wirkung ist Vollreis das wichtigste Getreide für uns.

Neben Dinkel wohlgemerkt, der wegen seiner Unverzüchtetheit eine sehr wohltuende Wirkung auf uns hat.

Weizen

ist ein Getreide für Kraft und Ausdauer, so wie Reis mehr unsere kontemplative und meditative Seite stärkt,

Weizen im Ganzen zu kochen ist im Vergleich zu Reis relativ aufwendig. Man verwendet ihn meist als Mehl oder Schrot für Brote, Klöße, Teigwaren, Weizenglutengerichte (wie Seitan oder Fu).

Die wertvollste Weizenart ist der schon erwähnte Dinkel, der auch auf ungedüngten, kargen Böden gedeiht. Seine Eiweißverwertbarkeit ist sehr hoch und er wird von verschiedenen Naturheilschulen mit Erfolg bei der Krebsbehandlung eingesetzt.

Gerste

ist das – nach dem Reis – am leichtesten verdauliche Getreide. Wir verwenden es vorwiegend in der wärmeren Jahreszeit. Gerste schmeckt sehr gut in Suppen oder mit Reis gemischt.

Gerste wird auch zur Herstellung von Getreidekaffee und –tee verwendet, wie auch für die Produktion von Gerstenmiso.

Hirse

ist ein sehr basisches Getreide. Wir sollten Hirse hauptsächlich an nassen oder kalten Tagen verwenden, da sie eine wärmende Wirkung hat. Am besten verwenden läßt sie sich für Kroketten, in Suppen oder als Auflauf mit Obst oder Gemüse.

Der Verzehr von Hirse ist für Leute mit zuviel Magensäure zu empfehlen.

Hafer

hat einen relativ hohen Fettgehalt und ist für Personen mit viel Eiweiß im Körper (zum Beispiel durch übermäßigen Fleischkonsum) leichter verträglich als Buchweizen oder Reis. Hafer ist auch ein gutes Getreide für Personen mit zu schwacher Schilddrüsenaktivität. Er stärkt auch die Nerven und aktiviert zu niedrigen Blut-

druck. Man sagt: Hafer sticht, das heißt, er belebt uns.
Hafer kann in Suppen, Bratlingen oder frisch geschrotet als
„Porridge" gegessen werden.

Buchweizen

wird in erster Linie für Teigwaren verwendet. Er eignet sich auch
gut als Füllung für Krautblätter, Paprika etc. Wie Hirse ist auch der
Buchweizen für kaltes Wetter geeignet, da er unseren Körper
rasch wärmt. Er wirkt fördernd auf die Blutbildung und unterstützt die Nierentätigkeit.

Buchweizen ist eigentlich ein Knöterichgewächs (ein „wildes"
Gras) und kein Getreide. Aus diesem Grund raten wir davon ab,
ihn als Hauptgericht und täglich zu essen.

Mais

ist von allen Getreidesorten die süßeste. Als ganzes Korn ist er für
uns eigentlich ein „Saisongetreide", solange die Maiskolben noch
jung und saftig sind, da die harten Maiskörner schwierig zu garen
sind. Als Polenta (Maisgrieß), in Brot und Desserts schmeckt Mais
ausgezeichnet. Im Körper verwandelt er sich schnell in wertvolle
Energie, er ist ein guter Blutbildner und unterstützt das Herz.

Roggen

ist dem Weizen ähnlich, hat aber weniger Gluten. Man verwendet
ihn zum Brotbacken oder für Getreidebreis an wärmeren Tagen.
Wie der Weizen stärkt auch Roggen unsere Muskelkraft und
spendet Energie und Ausdauer bei körperlichen Anstrengungen.

Bei Getreide ist es am wichtigsten, daß es gut gekaut wird. 50 bis 60
mal pro Bissen zu kauen, klingt anfangs vielleicht lächerlich, später merken wir aber, wie süß Getreide schmeckt, wenn das zerkau-
te Getreide durch unseren Speichel „vorverdaut" wird. Viele Ver-
dauungsprobleme in der Umstellungsphase kommen von zu ha-
stigem, gedankenlosen Essen.

Getreide war und ist in allen großen Kulturen das Hauptnah-
rungsmittel und deshalb sollten wir bei jeder Mahlzeit einen Teil
vollen Getreides zu uns nehmen.

Kranke Menschen sollten jeden Bissen bis zu 150 mal kauen.

Mehlprodukte und Flocken

Wir sprechen hier nur von Mehlprodukten, die aus Vollgetreide hergestellt wurden. Die Wertlosigkeit von Auszugsmehlen ist allgemein bekannt.

Warum aber soll man wenig Mehlprodukte wie Teigwaren und Brot essen und statt dessen ganzes, gekochtes Vollgetreide?

1.   ⌀   2.   3.

ganzes Korn   Schrot   Mehl

Jedes Getreidekorn ist eine Einheit, klar in seinem Charakter. Diese Energie nehmen wir zu uns. Je mehr wir diese Einheit zerstören, durchbrechen und mahlen, um so zerstreuter, wirrer ist diese Energie, die wir zu uns nehmen. Das heißt nicht, daß wir keine Mehlprodukte essen sollen, sondern nur nicht als Basisnahrung. Das Korn soll immer frisch gemahlen oder geschrotet sein. Dasselbe gilt für Vollkornteigwaren. Sie eignen sich wunderbar, für ein leichtes Essen oder zur Ergänzung einer Hauptmahlzeit, jedoch nicht als tägliches Hauptgericht.

Mehl und Mehlprodukte haben eine „verschleimende" Wirkung. Für Personen mit zuviel Schleimentwicklung (zum Beispiel Hals, Nase, Lunge) sind Mehlprodukte nicht empfehlenswert.

Mehl verschleiert auch unsere Wahrnehmungsfähigkeit. Dies können wir uns zu Nutzen machen, wenn wir zu abgespannt sind. Eine kleine Menge an Mehlprodukten läßt uns alles wieder gelassener sehen. Ähnlich geschwächt ist die „Kraft" der **Getreideflokken**. Sie werden mit heißem Wasserdampf hergestellt, eine Stabilisierung des gequetschten Kornes ist meist noch mit eingeschlossen (siehe auch Nährwerttabelle Hafervollkorn - Haferflocken).

Grieß

ist nicht zu verwechseln mit grobem Vollweizenschrot. Bei den meisten Grießsorten sind wegen des Aussiebens der Schalenteile nur 65 bis 75 % Vollwert erhalten. Er eignet sich deshalb am besten für Desserts.

Frischkornbrei (ein Gericht aus gemahlenem, über Nacht eingeweichten Getreide) wird in der Makrobiotik nicht gegessen.

Wir leben in einer Zivilisation, in der das „irdische" Feuer ein unvermeidbarer Bestandteil unseres Lebens geworden ist. Energie wird von uns überall eingesetzt, in der Heizung, als elektrisches Licht, so ist es auch sinnvoll, unser Essen mit Feuer zuzubereiten, um eine Balance zu diesen Einflüssen zu haben.

Gemüse

Die Gemüse sind für uns neben Getreide wie die Blüten einer Pflanze: Sie repräsentieren die Lieblichkeit, die Schönheit, die Ausdehnung und runden unsere Nahrung zu einer Vollkommenheit ab. Sie sind lebensnotwendig für uns. Theoretisch könnte ein gesunder Mensch nur von Reis leben, aber nur theoretisch und nicht in unserer Zivilisation mit all den körperlichen und umweltbedingten Schwächen. Die Gemüse geben uns Luft und Weite und machen unsere Nahrung farbenfroh, lebendig und abwechslungsreich.

Wir teilen die Gemüse in zwei Gruppen: Die Blattgemüse und die Wurzelgemüse. Wir sollten zu jeder Mahlzeit beide Arten verwenden.

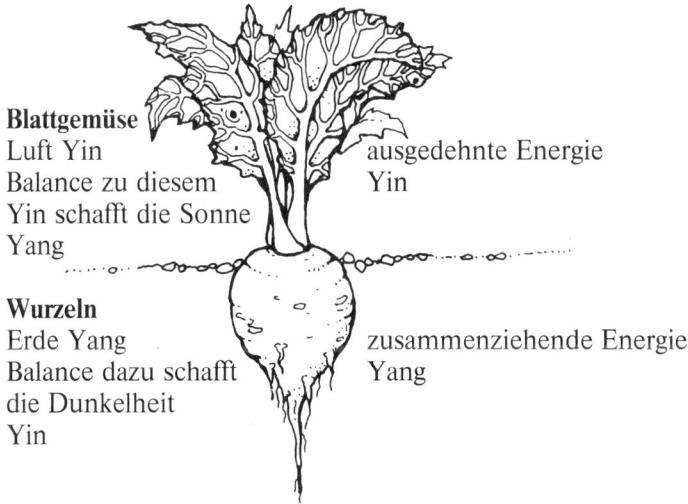

Blattgemüse
Luft Yin   ausgedehnte Energie
Balance zu diesem   Yin
Yin schafft die Sonne
Yang

Wurzeln
Erde Yang   zusammenziehende Energie
Balance dazu schafft   Yang
die Dunkelheit
Yin

Nähr- und Wirkstoffübersicht der wichtigsten Getreidearten

100 g eßbarer Substanz enthalten im Durchschnitt		Reis Vollreis	Gerste	Hirse	Grünkern (Dinkel)	Voll Weizen	Hafer Vollkorn	Hafer-flocken	Buch-weizen	Mais	Roggen	Weizen-mehl Voll-mehl	Weizen-mehl weiß 70%	Roggen Vollmehl	Roggen-mehl 70%	weißer Reis, poliert und gekocht
Eiweiß	in g	7.5	10.6	11	11.6	11.5	12.6	13.8	5.77	9.2	8.65	12.1	10.7	10.4	7.5	2
Fett	in g	1.9	2.1	3.9	2.7	2.0	7.9	6.6	1.73	3.8	1.7	2.1	1.7	1.4	1.2	0.1
Kohlenhydrate	in g	75.4	72	70.7	69.4	59.4	62.9	67.6	71.3	65.2	53.5	71.5	71.7	61.6	74.9	24.2
Kalorien		357	358	371	357	309	383	395	346	338	269	362	353	308	349	108
Joule		1492	1497	1552	1492	1291	1601	1651	1447	1414	1126	1513	1476	1287	1459	449
Natrium	in mg	9	20	3	3	7.8	8	2	-	6	40	2	8.3	2	10	2
Kalium	in mg	150	444	-	447	502	400	340	324	330	510	290	324	439	330	38
Kalzium	in mg	23	38	-	22	43.7	250	53	21	15	64	41	37	23	18	10
Magnesium	in mg	119-157	119	170	130	147	129	145	85	120	120	131	122	83	69	8
Phosphor	in mg	325	342	310	411	406	342	407	254	256	373	372	87	362	175	28
Eisen	in mg	2.6	2.8	9	4	3.3	5.8	3.6	3.2	-	4.6	3.3	0.8	4	1.1	0.2
Chlor	in mg	-	-	15	-	55	119	49	12	12	20	-	-	55	-	-
Mangan	in mg	1.7	1.68	1.1	-	3.4	4.83	4.9	-	0.48	2.4	4.4	4.4	1.94	-	-
Kupfer	in mg	0.36	0.4	0.04	0.26	0.63	1	0.74	-	-	0.5	0.17	0.26	0.42	0.66	-
Schwefel	in mg	121	116	-	-	-	-	199	-	-	-	124	-	132	-	27
Vitamin A	in µg	-	0.25	-	-	-	-	-	-	0.37	-	-	-	45	3.065	-
Vitamin B₁	in mg	0.41	0.43	0.26	-	0.48	0.6	0.55	0.24	0.36	0.35	0.55	0.18	0.34	0.15	0.02
Vitamin B₂	in mg	0.09	0.18	0.14	-	0.14	0.2	0.14	0.15	0.2	0.17	0.12	0.07	0.14	0.1	0.01
Niacin	in mg	5.2	4.8	1.8	-	5.1	1.3	1.1	2.9	1.5	1.81	6.2	2	2.9	0.8	-
Vitamin B₆	in mg	0.67	0.56	0.8	-	0.44	0.2	0.75	-	0.4	0.29	0.56	0.38	-	-	-
Pantothensäure	in mg	1.7	0.5	-	-	1.18	0.135	0.78	1.2	0.65	1.5	1.6	0.35	1.1	0.7	-
Vitamin C	in mg	-	-	-	-	-	1.25	-	-	-	-	-	-	-	-	-
Vitamin E	in mg	1.2	0.65	-	-	1.4	0.9-3.2	0.25	-	1.95	1.95	2.5	1.7	10	0.7	-
Vitamin K	in mg	-	-	0.07	-	-	0.05	-	-	0.04	-	-	-	-	-	0.4

Quellen: Fachmann, Souci; Kraut: Nährwerttabellen, Wissenschaftliche Verlagsgesellschaft mbH Stuttgart, und Dr. Schneider: Nutze die Heilkraft der Natur, Saat-korn Verlag

Aus der Erde (und der damit verbundenen Dunkelheit) strebt ein jeder Samen (wenn sich der Yin-Faktor Wasser einfindet) zum Licht.

In die Erde versenkt er Wurzeln um festen, sicheren Stand zu haben und seine Blätter richtet er dem Himmel entgegen.

Jedes Gemüse hat seinen eigenen Charakter und mit der Zeit werden wir selbst „sehen" lernen, welches Gemüse klar, einfach und frisch ist, und welches mehr dumpf oder schwach ist.

Beim Kochen bedeutet das nun:
Um ein Gemüse richtig zubereiten zu können, muß ich seinen Charakter verstehen lernen. Die wichtigsten Unterscheidungsmerkmale sind:

Wurzelgemüse

Die in der Dunkelheit und unter relativ hohem Druck gewachsene Wurzel benötigt zum Garen eine längere Zeit. Sie versorgt uns in erster Linie mit Wirkstoffen, die nicht so hitzeempfindlich sind wie die der Blattgemüse.

Mit dem längeren Dünsten, Braten oder Kochen führen wir der Wurzel jene Energie zu, die sonst nur ihre Blätter erleben (Licht, Sonne). Dadurch kann sie ihre volle Qualität entfalten und wir nehmen ein in sich harmonisiertes Lebensmittel zu uns.

Blattgemüse

Das zarte, grüne und frische Blatt kann sehr leicht „welk" werden, wenn wir zu lange erhitzen. Da Blattgemüse schon relativ viel Energie (Sonne) aufgenommen und umgewandelt haben (in strahlendes Grün) empfiehlt es sich, diese nur kurz anzubraten, zu blanchieren oder auch roh zu essen.

Grundsätzlich sollten alle Gemüse nach dem Zubereiten noch leicht knackig sein.

Liste der heimischen Gemüse

- Auberginen
- Kartoffeln
- Artischocken
- Spargel
+ Zucchini
+ Blumenkohl
+ Feldsalat
+ Brunnenkresse, Wasserkresse
+ Chinakohl
+ Grünkohl
+ Petersilie

+ Süßkürbis, Kürbis
+ Zwiebeln
+ Petersilienwurzel
+ Schwarzwurzeln
» Steinpilze
» Erbsen
» Rotkraut
» Kohlrabi
» Endivien, Kopfsalat

- Tomaten
- Paprika
- Champignons
- Spinat
+ Sellerie (Wurzel und Grün)
+ Rosenkohl
+ Lauch
+ Mangold
+ Weißkohl
+ Schnittlauch
+ weißer Rettich,
  schwarzer Rettich
+ Pattison
+ Karotten
+ Wirsing

» Gurken
» Fenchel
» rote Rüben (Randen)
» Meerrettich
» Knoblauch

+ Diese Gemüse können täglich gegessen werden
» Sollten nur (abwechselnd) maximal einmal die Woche verzehrt
  werden
- solche Gemüse sollten gemieden werden (speziell bei kranken
  Personen) oder maximal (abwechselnd) ein- bis zweimal im
  Monat

Wenn wir diese Liste betrachten, müssen wir zugeben, daß unser Land doch eine rechte Auswahl an Gemüsen bietet und mit etwas Phantasie können wir abwechslungsreiche, geschmackvolle Gemüsegerichte auf den Tisch stellen und unsere Herzen erfreuen.

Wenn Sie gerne spazieren gehen oder auf dem Land wohnen, können Sie natürlich auch Wildgemüse verwenden, wie junge Brennesseln, Löwenzahn, Huflattich, Beifuß und anderes mehr. Verwenden Sie aber nicht ausschließlich Wildgemüse! Es ist zu kräftig für unseren abgenützten Körper und wir erleben sonst zu starke und zum Teil unkontrollierbare Reinigungs- und Ausscheidungsreaktionen.

Warum sollen wir verschiedene Gemüse meiden?

Tomaten

Sie werden kein Rezept mit Tomaten finden, was nicht heißt, daß Sie nicht davon essen dürfen. Aber nur wenig und selten. Tomaten sind sehr yin. Das erkennen Sie selber, wenn Sie eine Tomate betrachten. Sie ist weich und schwach. Die Pflanze muß gestützt werden und die Frucht besteht hauptsächlich aus Wasser und Hohlraum. Sie verfault auch sehr schnell (dasselbe gilt für Auberginen). Wenn Sie also Tomaten essen, nehmen Sie schwache, nach unten strebende Energie zu sich.

Das Argument, daß in den (meisten) Balkanländern hauptsächlich Tomaten und Paprika als Gemüse verwendet werden und die Menschen gar nicht schwach sind, sondern temperamentvoll und kräftig, ist nicht ganz schlüssig. Betrachten wir, was dazu gegessen wird: Fleisch und Knoblauch. Wie schon erwähnt, ist Makrobiotik nicht eine Diät, die uns verbietet und erlaubt, dies oder jenes zu essen, sondern sie will uns die Energien und Charaktere der einzelnen Nahrungsmittel zeigen, damit wir lernen, sie harmonisch und balanciert zu essen. Dadurch erlangen wir mit der Zeit einen balancierten Körperzustand, der auch in unserem Geist Ruhe und Zufriedenheit erzeugt.

Fleisch und Knoblauch, zusammen mit Tomaten und Paprika sind eine balancierte Nahrung, doch die Verwendung von sehr extremen Energien beansprucht unseren Körper unnötig. Warum sollten wir unseren Körper so beanspruchen? Bewahren wir unsere Energien für anderes, für wichtigeres.

Kartoffeln

Kartoffeln sind kein Wurzelgemüse, wie viele Leute annehmen. Eine Kartoffelpflanze besitzt sehr viele Knollen. Sie hat also kein Zentrum und keine klare Linie wie andere Pflanzen. Essen wir nun Kartoffeln mit Tomaten, so essen wir sehr yin, was heißt, wir geben unserem Körper träge, passive und kühlende Energie. Die Blätter der Kartoffeln sind giftig, und die Knolle, die wir essen, ist der Nährstoffspeicher, der Ernährer dieser Pflanze. Wir können sie nicht direkt als giftig betrachten, aber als sehr ungesund. Auch Rudolf Steiner, lehnt das Essen von Nachtschattengewächsen ab, da sie für unsere körperliche und geistige Entwicklung nicht förderlich sind. Kartoffeln waren ursprünglich in unseren Ländern nicht heimisch. Sie wurden aus Amerika importiert und dann angebaut. Sie setzten sich anfangs bei den Bauern nur sehr schlecht durch, weil man irrtümlich das Kraut verzehrte und davon immer kränker wurde. Bei unsachgemäßer Lagerung können auch die Knollen giftig werden. Außerdem enthalten Tomaten, Kartoffeln, Pepperoni und Gurken Salicylsäure, welche die Entstehung von Allergien begünstigt. (siehe auch Obst...)

Nähr- und Wirkstoffübersicht der Blattgemüse und Gemüsefrüchte

100 g eßbarer Substanz enthalten im Durchschnitt		Blumen-kohl	Broccoli	China-kohl	Grün-kohl	Kohl-rabi	Rosen-kohl	Spinat	Mangold	Weiß-kohl	Sauer-kraut	Wirsing-kohl	Lauch (Porree)	Gemüse-bohne	Gurke (im Sommer)	Melone (im Sommer)	Kürbis
Eiweiß	in g	2,4	3,5	1,2	4,3	2	4,9	3,2	2,1	1,3	1,5	2,6	2,4	1,9	0,8	0,6	1
Fett	in g	0,2	0,2	0,3	0,4	0,1	0,6	0,3	0,3	0,2	0,3	0,4	0,3	0,3	0,2	-	0,1
Kohlenhydrate	in g	4	4,3	2	6,1	5,6	6,7	3,7	2,9	4,6	4	4,1	6	6,1	2	5	5,5
Kalorien		27	33	16	23	31	52	30	23	25	25	30	36	35	13	21	27
Joule		113	138	67	95	130	218	126	96	105	103	126	151	146	54	90	113
Natrium	in mg	16	14	7	42	10	7	54	90	13	355	9	5	2	8	20	1
Kalium	in mg	311	410	202	430	372	390	470	376	233	288	275	200	243	141	220	383
Kalzium	in mg	22	113	40	212	41	36	93	103	49	48	57	60	56	15	14	22
Magnesium	in mg	7	24	11	31	16	22	58	65	20	-	12	15	26	8	13	8
Phosphor	in mg	72	78	30	87	51	80	51	39	29	43	55	54	44	23	9	44
Eisen	in mg	1,1	1,3	0,6	1,9	0,5	1,5	3,1	2,7	0,4	0,6	0,9	1,1	0,8	0,5	0,2	0,8
Chlor	in mg	30	76	-	60	57	40	65	-	37	-	-	40	33	30	21	37
Mangan	in mg	0,17	0,15	-	0,55	0,11	0,27	0,82	0,3	0,14	-	-	0,07	0,45	0,15	0,04	0,04
Kupfer	in mg	0,14	0,14	-	0,04	0,14	0,1	0,2	0,11	0,06	0,1	-	0,3	0,1-0,86	0,6	0,04	0,06
Schwefel	in mg	29	137	15	115	-	-	27	-	-	-	-	72	30	12	11,7	10
Vitamin A	in µg	21	316	13	460	2	55	816	583	10	20	12	12	60	28	100	100
Vitamin B1	in mg	0,1	0,1	0,03	0,1	0,06	0,1	0,1	0,1	0,05	0,03	0,05	0,1	0,06	0,02	0,05	0,05
Vitamin B2	in mg	0,11	0,2	0,04	0,25	0,04	0,16	0,2	0,2	0,05	0,05	0,07	0,06	0,11	0,03	0,03	0,07
Niacin	in mg	0,6	1,1	0,4	2,1	0,3	0,9	0,6	0,6	0,3	0,2	0,3	0,5	0,5	0,2	0,5	0,5
Vitamin B6	in mg	0,2	0,17	-	0,25	0,12	0,16	0,22	-	0,11	-	0,2	-	0,14	0,035	0,036	0,11
Pantothensäure	in mg	1,1	1,3	1,3	1,4	0,1	0,7	0,3	0,17	0,26	0,08	-	-	0,23	0,3	0,26	-
Vitamin C	in mg	69	110	36	140	66	102	51	39	47	20	50	30	19	7	25	9
Vitamin E	in mg	0,15	0,27	-	4	-	1	2,5	1,5	0,7	-	-	2	0,1	-	-	-
Vitamin K	in mg	3,6	-	-	-	-	3	-	-	-	-	-	-	0,29	-	-	-

25

Quellen: Dr. Schneider: Nutze die Heilkraft der Natur, Saatkorn Verlag, ergänzt durch Fachmann, Souci, Kraut: Nährwerttabellen, Wissenschaftliche Verlagsgesellschaft mbH Stuttgart

Nähr- und Wirkstoffübersicht der Grünen Salate und einiger Wurzel- und Knollengemüse

100 g eßbarer Substanz enthalten im Durchschnitt		Chico-rée	Endi-vien-salat	Feld-salat	Fenchel	Garten-kresse	Kopf-salat	Möhren	Rettich	Zwiebel	Schwarz-wurzel	Sellerie	Kar-toffel	Meer-rettich
Eiweiß	in g	1,3	1,7	1,8	2,4	4,2	1,4	1,1	1	1,5	1,4	1,7	2	2,8
Fett	in g	0,2	0,2	0,3	0,3	1,4	0,2	0,2	0,1	0,2	0,4	0,3	0,1	0,3
Kohlenhydrate	in g	2,3	2,6	2,7	9,1	4,1	2,2	8,7	3,4	8,1	17,2	7,4	16	15,3
Kalorien		16	19	21	49	46	17	41	19	40	74	40	72	75
Joule		67	80	88	205	192	71	172	80	167	309	167	301	314
Natrium	in mg	4	53	4	86	5	10	45	18	9	5	77	3	9
Kalium	in mg	192	320	420	494	550	194	341	322	157	320	310	500	554
Kalzium	in mg	26	68	32	109	214	23	37	32	27	58	55	15	105
Magnesium	in mg	13	13	13	-	-	11	17	8	8	23	9	25	33
Phosphor	in mg	26	54	49	51	38	31	36	30	36	76	105	50	65
Eisen	in mg	0,7	1,6	2	2,7	2,9	0,7	0,7	0,9	0,5	3,3	0,5	1	1,4
Chlor	in mg	-	71	17	-	-	50	40	70	24	-	50	-	18
Mangan	in mg	-	0,22	-	-	-	0,8	0,06-0,25	-	0,36	-	0,16	0,2	-
Kupfer	in mg	-	0,09	-	-	-	0,07	0,08	-	0,13	-	0,15	0,2	-
Schwefel	in mg	-	26	57	-	-	12	21	-	51	-	-	190	212
Vitamin A	in µg	216	333	650	783	365	150	1100	12	33	3	3	2	4
Vitamin B1	in mg	0,05	0,06	0,07	0,2	0,15	0,06	0,03	0,03	0,15	0,06	0,1	0,14	0,14
Vitamin B2	in mg	0,03	0,1	0,08	0,1	0,19	0,08	0,05	0,03	0,04	0,03	0,06	0,02	0,11
Niacin	in mg	-	0,4	0,4	0,2	1,8	0,4	0,6	0,4	0,2	0,3	0,7	0,5	0,6
Vitamin B6	in mg	0,2	0,1	0,2	0,1	-	0,07	0,12	0,06	0,13	-	0,2	0,2	0,18
Pantothensäure	in mg	-	-	-	0,25	-	0,1	0,27	0,18	0,17	-	-	-	-
Vitamin C	in mg	10	10	26	93	60	10	8	29	10	4	10	22	114
Vitamin E	in mg	-	-	-	6	-	0,4	2,6	0,05	0,2	6	2,6	0,06	-
Vitamin K	in mg	-	-	-	-	-	-	0,2	-	-	-	-	0,65	-

Quellen: Dr. Schneider: Nutze die Heilkraft der Natur, Saatkorn Verlag, ergänzt durch Fachmann, Souci, Kraut: Nährwerttabellen, Wissenschaftliche Verlagsgesellschaft mbH Stuttgart

26

Meeresgemüse und Pilze

Die Verwendung verschiedener Arten von Meeresalgen geht über Tausende von Jahren zurück und zwar nicht nur im Osten, sondern auch an den Küsten Großbritanniens, Schottlands und der Mittelmeerländer. Sie waren bekannt als medizinische Nahrung. In China waren sie Delikatessen für die Kaiser, die Römer und Griechen verwendeten sie in Zeiten von Hungersnot und auf Seereisen. Viele von uns haben eine gewisse Abneigung, Algen zu essen, weil wir sie nicht kennen. Aber gerade in der heutigen Zeit ist es sehr empfehlenswert, täglich etwas Algen zu sich zu nehmen.

Kürzliche wissenschaftliche Forschungen haben aufgezeigt, daß der Hauptbestandteil aller Braunalgen (Kombu, Wakame, Arame, Hiziki) die Algininsäure ist. Sie wird während des Verdauungsprozesses nicht aufgespalten. Diese Algininsäure hat die Eigenschaft, Schwermetalle wie As, Pb, Hg anzuziehen und sich mit ihnen zu verbinden. Die tägliche Verwendung von Algen begünstigt die Verbindung von Algininsäure mit Schwermetallen in unserem Darm. Da die Algininsäure während des Verdauungsprozesses stabil bleibt, werden alle giftigen Elemente aus unserem Körper herausbefördert.

Gerade heutzutage mit all den großen Problemen der Umweltverschmutzung ist der tägliche Gebrauch von Meeresgemüse zu empfehlen, um eine gute Gesundheit aufrechtzuerhalten.

- Durch den Reichtum an Mineralien regen sie den Stoffwechsel an und fördern die Entschlackung (sie wirken entwässernd)
- Ihr hoher Gehalt an Jod wirkt Kropfbildungen entgegen
- Für reine Vegetarier sind sie die reichhaltigste Quelle für Kalzium, Vitamin B_{12} und Baustein von Vitamin D. Ebenso sind sie ein wichtiger Lieferant von hochwertigem Eiweiß. Nori enthält zum Beispiel zehnmal mehr Provitamin A als Möhren und sogar etwas mehr Eiweiß als die Sojabohne.

Vom Verzehr der an sogenannten Wirkstoffen reichen „Zuchtmikroalge" Spirulina wird abgeraten:
Diese Algen werden „künstlich" - in Zuchtbecken - unter sehr zweifelhaften (keineswegs natürlichen) Bedingungen herangezogen. Solche Konzentrate sind bei ausgeglichener Makrobiotik-Ernährung nicht nötig.

Ähnlich verhält es sich mit der heute oft noch angepriesenen Hefe. In der Makrobiotik unterstützt Hefe nicht, sondern stört nur den natürlichen Wiederaufbau der eigenen Wirkkräfte unseres Körpers.

Hingegen sind weißer wie auch schwarzer **Fungus** (morchelartige Baumpilze) sehr empfehlenswert. Sie enthalten Vitamin B_{12} und auch Vitamin D und unterstützen die Funktion der Lymphdrüsen. Sie haben eine basische Wirkung auf uns. Auch der **Shiitake Pilz** ist eine sehr wertvolle Spezialität. Ähnlich wie unsere heimischen Pilze enthält er Vitamin B_{12} und Vitamin D. Die Heilwirkungen - die man ihm in Ostasien zuschreibt - sind mannigfaltig; auch bei Krebs soll er positive Wirkung haben. Er hilft, abgelagertes, altes tierisches Eiweiß aus dem Körper auszuscheiden. Man ißt davon nicht mehr als etwa **einen Pilz** pro Tag. Der Stengel wird nicht mitgegessen! Es gibt heute schon Möglichkeiten, den Pilz selbst zu züchten.

Die einzelnen Meeresgemüsearten:

Kombu
Bis zu 30 Meter langer Seetang mit dickem, breitem Blatt. Unerläßlich als Grundlage für Miso- und klare Suppen. Kombu ist eine Braunalge und wird in der Bretagne und in Japan um die Insel Hokkaido geerntet.

Sie enthält Vitamin A und B_{12} und wird allgemein bei zivilisationsbedingten Ernährungsschäden empfohlen.

Hülsenfrüchte garen schneller, wenn man beim Kochen ein Stück Kombu beifügt.

Hiziki (oder Iziki)

Sie wächst in den warmen Meeren der Pazifikküste im Wasser als Busch oder als kleiner Baum. Vom Boot aus werden die Algen mit an langen Stangen befestigten Messern gelöst, an Bord gebracht, am Strand ausgebreitet und in der Sonne getrocknet. Hiziki wächst in größerer Tiefe als die anderen Algenarten und weist die größte Konzentration (circa 29,9 %) an Mineralien und Mehrfachelementen auf. Sie ist in Japan sehr beliebt und wird täglich zubereitet. Der Genuß dieser Braunalge ist verantwortlich für den außergewöhnlichen Haarwuchs der Japaner, von denen man weiß, daß sie selten glatzköpfig werden und nur in sehr fortgeschrittenem Alter ergrauen. Besonders schwangeren Frauen und Kindern wird der Genuß von Hiziki empfohlen.

Arame

Arame-Algen werden im Sommer von Taucherinnen geerntet und getrocknet. Diese Braunalgen werden durch Einweichen und Dämpfen vorgegart. Sie werden gepreßt, in Streifen geschnitten und getrocknet. Neben anderen Mineralien enthalten Arame im besonderen Kalzium und Phospor.

Wakame

Sie wächst in den warmen Strömungen wie Hiziki und wird auf die gleiche Weise geerntet. Wakame ist eine Braunalge, die in der ganzen Welt bekannt ist. Ihr werden kräftigende Eigenschaften für die Haare, die Nägel, die Haut und die Leber zugesprochen. Wakame ist neben Nori die Vitamin B_{12}-reichste Alge.

Nori (Meerlattich)

Sie gleicht bewegtem Gras und wird auf Holzrahmen im seichten Wasser kleiner Bäche, Buchten und ruhiger Lagunen gezüchtet. Nach der Ernte wird sie auf Bambusrosten getrocknet und zu schmalen Blättern zusammengefaßt. Diese Grünalge ist die eiweißreichste Alge und enthält auch am meisten Vitamin B_{12}.

Agar-Agar (Kanten)

wird aus verschiedenen Arten von Rot- und Grünalgen gewonnen und traditionell zu Gelatine verarbeitet. Er ist in Stangen und in Flocken erhältlich. Kanten enthält Kalzium, Phosphor und Eisen und kann als Aspik, Gelee mit Früchten und Gemüsen oder Tortenüberguß verwendet werden.

Agar-Agar empfiehlt sich mit Früchten zu kochen, da man dadurch die Säurewirkung des Obstes balancieren kann.

Weitere Arten: Dulse (Rotalge), Mekabu (Wurzelstamm von Wakame), Ne-Kombu (spezielle Kombuart)

Nährwertanalyse verschiedener Meeresalgen

	Wasser %	Eiweiß %	Fett %	Kohlen-hydrate %	Asche %	Mineralstoffe in mg					Vitamine					in µg
						Ca	Fe	P	K	J	in µg A	B₁	B₂	C	Niacin	B₁₂
Hijiki	16.8	5.6	0.8	42.8	34	1400	29	59	14700	40	150	0.01	0.2	-	4.6	2-5
Kombu jap.	14.3	7.3	1.1	54.9	22	800	15	150	5800	170	430	0.08	0.32	11	1.8	2-5
Wakame	16	12.7	1.5	51.4	18.4	1300	13	260	6800	30	140	0.11	0.14	15	10	2-5
Nori	11.4	35.6	0.7	44.3	8.0	260	12	510	11000	-	0.25	1.24	20	10	3-12	13-29
Arame	19.3	7.5	0.1	60.6	12.5	1170	5	150	3900	260	50	0.02	0.2	-	2.6	-
Irish Moos	18.8	9.4	2.6	57.6	14.2	570	6	22	8060	150	-	0.67	0.5	30	-	-
Dulse	16.6		3.0		3.7											
Agar Agar	20.1	2.3	0.1	74.6	2.9	400	5	8	-	0.2	-	-	-	-	-	-
Spirulina	5	65	6	15	7	100	43	960	360	-	170	5.5	4	-	12	-
Alaria	16.7		2.8	45.6	29.2				4840	50						160

Quellen: US Department of Agriculture; Japan Nutrionist Association, und Seibin und Arasaki: Vegetables from the Sea, Japan Publications Inc. Tokyo, 1983, S. 44 ff.

Hülsenfrüchte, Samen und Nüsse

Hülsenfrüchte, Bohnenprodukte (Tofu, Tempeh, Miso, Sojasauce), Samen und Nüsse, täglich gegessen, geben uns genügend Proteine und die Mineralstoffe, die wir brauchen. Je nach körperlicher Tätigkeit verwenden wir mehr oder weniger. Als wertvollste Hülsenfrucht kennen wir die Azukibohne. Sie kräftigt und stützt unsere Nieren und ist an Nährstoffen der Sojabohne vergleichbar. Weitere Hülsenfrüchte, die wir abwechselnd verwenden können, sind: rote und braune Linsen, Kichererbsen, Schwarzbohnen.

Tofu ist eine Art „Sojabohnenquark", der sich auf verschiedenste Weise zubereiten läßt. Er sollte eher in der wärmeren Jahreszeit verwendet werden.

Als wichtigster Eiweiß- und Kalziumlieferant ist uns die Sesamsaat bekannt. Sesam läßt sich, als ganzer Samen geröstet, als Sesammus (Tahin) oder als Sesamsalz (Gomasio) in Gemüsen, Salaten, Desserts, als Brotaufstrich oder zu Getreidegerichten verwenden.

Sonnenblumen- und Kürbiskerne etwas seltener in den Speiseplan einbauen.

Lotussamen sind die Samen der Lotuspflanze, haben einen nußähnlichen Geschmack und sind eine Bereicherung für unseren Speisezettel. Sie werden wie Hülsenfrüchte zuerst eingeweicht, dann gekocht.

Nüsse sind sehr fetthaltig und man verwendet sie am besten nur für Desserts und in kleinen Mengen.

Am gebräuchlichsten sind Haselnüsse, Walnüsse und Mandeln. Auch mit Nußmusen sparsam umgehen. Das schon erwähnte Tahin ist eine bessere Alternative als Nußmus und kann als Ersatz für Butter und Margarine verwendet werden.

Nähr- und Wirkstoffübersicht von Hülsenfrüchten, Samen und Nüssen

100 g eßbarer Substanz enthalten im Durchschnitt		Kicher-erbse	Linse	Soja-bohne	Sau-bohne	weiße getrock-nete Bohne	junge grüne Erbse	Tofu	Sesam	Sonnen-blumen-kerne	Mandel	Hasel-nuß	Edel-kastanie	Pistazie	Walnuß	Erdnuß	Cashew-nuß
Eiweiß	in g	19,8	23,5	37	24	20,7	6,3	–	20	27	19	13	3,4	19	15	15	17,2
Fett	in g	3,4	1,4	18	2,2	1,4	0,5	4,6	50	36	54	61	1,9	54	64	25	46
Kohlenhydrate	in g	59	56,2	27	58,2	56,4	12,4	–	16	23	19,5	13,7	46	19	13,5	12	29,3
Kalorien		346	331	418	339	321	79	72	594	524	640	656	215	638	690	333	600
Joule		1453	1390	1756	1417	1343	331	–	2495	2201	2688	2755	878	2679	2898	1399	2520
Natrium	in mg	27	4	4	1	2	2	6	45	2	3	2	2	–	5	5	15
Kalium	in mg	580	810	1740	1210	1770	316	–	458	725	690	630	410	970	570	670	460
Kalzium	in mg	110	74	257	77	197	26	155	1500	100	234	225	46	130	70	30	40
Magnesium	in mg	140	40	247	159	132	33	–	347	420	252	150	42	160	135	50	270
Phosphor	in mg	428	412	591	70	419	116	107	607	618	500	330	75	500	440	360	375
Eisen	in mg	7,2	6,9	8,6	6	7	1,9	2,1	10	7	4,7	3,8	1,4	7,3	2,1	1,5	3,8
Chlor	in mg	–	64	–	–	25	33	–	–	–	–	10	11	–	–	7	–
Mangan	in mg	–	–	4	–	2	0,41	–	–	2,4	2	4,2	3,7	0,6	–	1,15	–
Kupfer	in mg	–	0,7	0,11	–	–	0,23	–	–	2,8	1,2	1,35	0,06	1	–	0,27	–
Schwefel	in mg	–	122	–	–	–	50	–	–	–	150	198	29	–	–	377	–
Vitamin A	in µg	45	25	95	9	–	63	6	6	–	–	2	12	70	10	8	30
Vitamin B1	in mg	0,48	0,43	1	0,53	0,5	0,35	0,02	0,25	1,9	0,25	0,4	0,23	0,65	0,35	0,5	0,43
Vitamin B2	in mg	0,18	0,26	0,5	0,3	0,4	0,14	0,02	–	0,2	0,95	0,2	0,22	0,2	0,1	0,1	0,25
Niacin	in mg	1,6	2,2	2,5	2,5	3,4	2,9	0,5	5	5,8	3,5	1,6	0,5	1,5	1	15,3	1,8
Vitamin B6	in mg	–	0,49	0,64	–	0,28	0,18	–	–	–	0,1	0,64	0,29	–	–	0,3	–
Pantothensäure	in mg	–	1,5	1,68	–	0,98	0,82	–	–	–	0,4	1,15	0,3	–	–	2,14	–
Vitamin C	in mg	4	–	–	–	–	27	–	–	–	–	3	6	7	15	10	–
Vitamin E	in mg	–	2	6	6	24	0,6	–	15	22	15	21	–	–	1,5	1	–
Vitamin K	in mg	–	–	15,3	–	4	0,3	–	–	–	–	–	–	–	–	–	–

Quellen: Dr. Schneider: Nutze die Heilkraft der Natur, Saatkorn Verlag, ergänzt durch Fachmann, Souci, Kraut: Nährwerttabellen, Wissenschaftliche Verlagsgesellschaft mbH Stuttgart

Meersalz und milchsauer fermentierte Produkte

Meersalz

Ein großer Teil unserer Erde ist von Wasser bedeckt, Salzwasser. Wir alle kennen die reinigende und heilende Kraft des Meerwassers, wie sie viele Priester und Mediziner in aller Welt uns beschrieben haben (Plutarch. Hippokrates). Auch unser Körper, eine eigene, perfekte Welt besteht zum großen Teil aus Wasser und er braucht Salz. Die Balance zwischen Sodium und Potassium im Blut und im Gehirn ist bedeutend für einen gesunden Körper. Wir sollten in der Küche nur Meersalz anstelle von raffiniertem, weißen Kochsalz verwenden. Für unseren Geschmack und das Kochen besteht kein Unterschied, für unseren Körper aber ein großer, Meersalz enthält eine Menge von Mineralien (zum Beispiel Kalium, Kalzium, Magnesium), die im „reinen" Kochsalz nicht mehr zu finden sind, die wir aber für unseren Stoffwechsel dringend benötigen.

Mit Meersalz und allen Würzmitteln, die Meersalz enthalten, trotzdem sparsam umgehen.

Salzgehalt: Miso (6 bis 13 %), Tamari und Shoyu (15 bis 18 %), Gomasio (6 bis 13 %).

Miso

ist eines der wichtigsten Nahrungsmittel in der fleischlosen Ernährung, da es alle essentiellen Aminosäuren in einem optimalen Verhältnis enthält. Von insgesamt 21 Aminosäuren finden sich 18 in Miso. Sowohl seine Proteinquantität (13 bis 21 % Eiweißgehalt) im Vergleich zum Quark (20 %), Hühnerfleisch (21 %) als auch die Netto-Proteinverwertungswerte: Miso (70), Quark (75), Hühner (65) lassen sich durchaus mit denen von tierischen Produkten vergleichen. Die in Miso enthaltene Linolsäure hilft auch,den Cholesterinspiegel im Blut zu senken. Cholesterin ist in Miso nicht vorhanden. Da Miso milchsauer fermentiert ist, versorgt es unseren Darm mit lebenden Enzymen, die die Widerstandsfähigkeit des Körpers stärken und die Darmflora anregen. Als basisches Nahrungsmittel wirkt es der Übersäuerung des Blutes entgegen und kann daher auch bei allen rheumatischen Beschwerden hilfreich sein.

Auch eine über 20 Jahre durchgeführte Krebsstudie mit Miso kam zu interessanten, eindeutig positiven Ergebnissen.

Man nimmt täglich 1 bis 3 Teelöffel Miso zu sich, in Form von Misosuppe, in Saucen, Brotaufstrichen und so weiter („Das Misobuch" Shurtleff & Aoyagi, Ahorn Verlag).

Miso, das in Japan-Läden verkauft wird, ist nicht zu empfehlen, da es industriell und mit chemischen Zusätzen hergestellt ist.

Die gebräuchlichsten Misosorten:
Gerstenmiso = das leichteste und mildeste Miso, für den täglichen Gebrauch sehr zu empfehlen.
Vollreismiso = eine sehr ausgeglichene Misoart, mild, süßlich und doch etwas würzig. Kann ebenfalls täglich verwendet werden.
Hatchomiso = reines Sojabohnenmiso, ist das edelste Miso. Es wird mit einer sehr hohen Steinbeschwerung für circa 24 Monate gelagert. Es ist sehr würzig und kräftig und sollte daher nicht täglich, oder zumindest gemischt mit Gersten- oder Vollreismiso verwendet werden.

Tamari

war ursprünglich jene Flüssigkeit, die sich bei der Gärung von Miso absetzte. Später entwickelte man seperate Produktionsstätten dafür. Tamari ist nur aus Sojabohnen hergestellt und wird normalerweise nicht pasteurisiert. Zur Konservierung wird etwas Alkohol (2 %) beigemengt. Oder – beim sogenannten Man–San Tamari wird Mirin (Reislikör) statt reinem Alkohol verwendet.

Shoyu

wird zusammen mit Vollweizen vergoren. Da bei der Fermentation relativ viel Gas entsteht, muß Shoyu immer pasteurisiert werden, sonst würden die Flaschen explodieren. Der Geschmack ist etwas milder als der des Tamari, und in der Küche empfehlen sich beide Sojasaucen zum Abwechseln.

Umeboshi

Diese japanische wilde Aprikose wird zusammen mit purpurroten Shisoblättern (Büffelgras) in Meersalz eingelegt. Das Salz entzieht den Aprikosen Wasser, während die Blätter den Saft und die Aprikosen rot färben und zum Geschmack beitragen. Umeboshi sind die am meisten basische Nahrung, die wir kennen und sind bei den verschiedensten Ernährungskrankheiten anwendbar. Sie sind gut für die Verdauung, die Leber und regen den Appetit an. Die Darmflora wird normalisiert - und bei längerem Kauen die Mundhöhle desinfiziert. Umeboshi sind sehr salzig und man sollte nie mehr als eine Frucht pro Tag essen.

Takuan - Rettichpickle

ist weißer Rettich, der getrocknet und dann neun Monate in Reiskleie und Meersalz eingelegt wurde. Täglich zwei Scheiben davon zu Getreide gegessen, regt die Bildung einer gesunden Darmflora an.

Hama-Natto

sind in Miso eingelegte Schwarzbohnen. Sie unterstützen unsere Verdauung und sind ein wertvoller Eiweißlieferant.

Umeboshi-Mus

ist die Paste der entkernten Umeboshi-Aprikosen. Sie ist nützlich bei verschiedenen Rezepten. Bei Krankheiten ist jedoch immer die ganze Umeboshi zu empfehlen.

Umeboshi-Essig

ist der Saft, der sich bei der Umeboshi-Produktion bildet. Er ist ein wertvolles Würzmittel für Salate, Saucen und Pickles. Seine wohltuende Wirkung kann, da er flüssig ist, sofort in den Darm vordringen, im Gegensatz zur Umeboshi selbst, die im Magen aufgehalten wird und von dort aus wirkt.

Tempeh

ist eine milchsauer fermentierte Sojabohnenspezialität aus Indonesien. Heute kann man es schon von heimischen Produzenten hergestellt in vielen Naturkostläden kaufen. Es ist ein hervorragender Eiweißlieferant und enthält auch Vitamin B_{12}.

Sauerkraut und heimische milchsaure Gemüseprodukte können – in kleinen Mengen – auch verwendet werden. Milchsauer fermentierte Produkte sind für unseren Darm und unser Blut sehr wichtig.

Obst

Früchte sind im Vergleich zu Getreide und Gemüse säurehaltiger. Ihre Energie ist schwach, das merkt man daran, wie schnell sie verderben. Jedoch verwenden wir sie ab und zu als Dessert und zur Verschönerung einer Mahlzeit. Obst ist gekocht besser verträglich als roh. Durch etwas Meersalz wird es auch süßer im Geschmack.

Wie bei den Gemüsen verwenden wir auch das Obst immer nach der jeweiligen Saison (Äpfel, Birnen, Aprikosen, Erdbeeren, Melonen).

Seltener zu verwenden sind: Kirschen, Pflaumen, Pfirsiche.

Hin und wieder kann man auch etwas Zitronen- oder Orangensaft zum Abschmecken von Salaten oder anderen Gerichten verwenden.

Warum sollen wir keine tropischen Früchte bei uns verwenden?

Die tropischen Pflanzen erleben nur Sommer oder nur mildes, warmes Klima.
Tropen: Sommer – Sommer – Sommer – Sommer
Im Vergleich zu BRD, Österreich, Schweiz: **3 Zyklen fehlen.**
Süden: Frühling – Sommer – Frühling – Sommer
1 bis 2 Zyklen fehlen.

Das Fehlen dieser Jahreszeitenzyklen in diesen Pflanzen kann wissenschaftlich nicht bewiesen werden, ist aber nicht zu leugnen – sie können bei uns nicht gedeihen!

Warum sollen wir hauptsächlich Nahrungsmittel entsprechend der Saison essen?

Wir leben in einem Klima, in dem sich vier verschiedene Jahreszeiten abwechseln.

Winter (kalt, keine Vegetation)
Frühling (warm, „Erwachen der Natur")
Sommer (heiß, üppige Vegetation)
Herbst (kühl, Vorbereitung auf den Winter)
Eine Jahreszeit folgt auf die andere und jede hat ihren eigenen Charakter und ihre eigene Auswirkung auf Pflanze, Tier und Mensch.

Im Winter gibt es an heimischem Obst nur Äpfel und Birnen (oder Trockenfrüchte und Eingemachtes), Blattgemüse beschränkt auf Chinakohl, Wcißkohl und wenige andere. Aber es ist die Zeit der festen Kürbisse und Wurzelgemüse, in denen die Pflanzen ihre Reserven und Nährstoffe für den Winter gespeichert hat.

Im Frühling gibt es wieder frische, zarte Blätter, aber auch einige haltbare Gemüse aus der Herbsternte.

Im Sommer haben wir das reichhaltigste Angebot an Obst und Gemüse und können somit auch abwechslungsreicher kochen. Die Wurzelgemüse sind jetzt kleiner und zarter als im Herbst.

Im Herbst ist es ähnlich wie im Sommer, da erst jetzt viele Gemüse völlig reifen.

Getreide, das sich — richtig gelagert — unbegrenzt hält, kann zu jeder Jahreszeit in beliebiger Menge verzehrt werden. Ähnlich ist es mit getrockneten Gemüsen und Meeresalgen.

Unter tropischen Früchten und Nahrungsmitteln verstehen wir also jene, bei denen diese Jahreszyklen fehlen. In einigen Ländern wie zum Beispiel in Japan herrscht derselbe 4-Jahreszeiten-Zyklus wie in Europa.

Die tropischen Länder wie Afrika (Kaffee), Malaysia (Bananen) zeigen hingegen ein gänzlich anderes Vegetationsbild auf und sollten als exotisch erkannt werden, und Früchte und Gemüse aus diesen Breiten nur äußerst selten verwendet werden.

Durchschnittswerte bei gebräuchlichem Obst im Vergleich zu Gemüse

100 g eßbarer Substanz enthalten im Durchschnitt		Obst	Gemüse
Eiweiß	in g	0,84	2,34
Fett	in g	1,9	0,35
Kohlenhydrate	in g	11,66	4,8
Kalorien Joule			
Natrium	in mg		
Kalium	in mg		
Kalzium	in mg	18,3	62,5
Magnesium	in mg		
Phosphor	in mg		
Eisen	in mg	0,46	1,18
Chlor	in mg		
Mangan	in mg		
Kupfer	in mg		
Schwefel	in mg		
Vitamin A	in µg	40,6	235
Vitamin B$_1$	in mg	0,05	0,065
Vitamin B$_2$	in mg	0,05	0,1
Niacin	in mg	0,66	0,6
Vitamin B$_6$	in mg	0,08	0,11
Pantothensäure	in mg	0,20	0,45
Vitamin C	in mg	17,5	51
Vitamin E	in mg	0,32	0,76
Vitamin K	in mg	0,09	0,43

Quellen: Dr. Schneider: Nutze die Heilkraft der Natur, Saatkorn Verlag, ergänzt durch Fachmann, Souci, Kraut: Nährwerttabellen, Wissenschaftliche Verlagsgesellschaft mbH Stuttgart

Schlußfolgerung: Wer die normal verzehrte Obstmenge durch Gemüse ersetzt, wertet seine Nahrung um ein vielfaches auf. Der weitverbreitete Irrtum, daß Obst so vitaminreich sei, sollte hiermit aufgeklärt sein. Außerdem begünstigt Obst die Entstehung von Allergien.

In Deutschland leidet fast jeder dritte Mensch an irgendeiner Allergie.

Unsere neuzeitlichen und zum Teil sehr extremen Eßgewohnheiten haben einen nicht unerheblichen Beitrag zur Entstehung dieser Krankheiten beigetragen.

Als allergische Krankheiten kennen wir:
- Nasenschleimhautentzündung
- Nasen-Rachen- und Luftröhrenentzündung
- Speiseröhrenentzündung
- Bindehautentzündung
- Magen- und Darmschleimhautentzündung
- Nesselausschläge
- Asthma
- Rachenödem
- Polypenartige Nasen- und Nasennebenhöhlenentzündung

Bei all diesen Krankheiten kommen Salicylsäureverbindungen als krankheitsauslösende Stoffe in Frage. Die Naturheilmedizin sagt, daß eine Heilung nur dann möglich ist, wenn die fraglichen Nahrungsmittel mindestens 1 bis 2 Jahre gemieden werden.

Hier die Tabelle der gebräuchlichsten salicylsäurehaltigen Nahrungsmittel:

Tabelle der salicylhaltigen Nahrungsmittel

Obst	Gemüse	Nüsse	Getränke
Äpfel	Erbsen	Mandeln	Aperitifs
Aprikosen	Gurken		Apfelwein
Brombeeren	Kartoffeln		Bier
Erdbeeren	Peperoni		Cola
Heidelbeeren	Tomaten		Kognak
Himbeeren			Limonade
Johannisbeeren			Obstsäfte
Kirschen			Sirup
Nektarinen			Süßwasser
Orangen			Tee (diverse)
Pflaumen			Wein
Pfirsiche			Weinessig
Preiselbeeren			
Rhabarber			
Stachelbeeren			
Weintrauben			
Zitronen			
Zwetschgen			

Die Tabelle wurde mit einigen Abänderungen der Zeitschrift „Der niedergelassene Arzt", Nr. 21/1984, S. 41, entnommen. Aus: Dr. Schneider: Nutze die Heilkraft der Natur, Saatkorn Verlag.

Nähr- und Wirkstoffübersicht von Obst

100 g eßbarer Substanz enthalten im Durchschnitt		Apfel	Apri- kose (frisch)	Apri- kose (ge- trocknet)	Avocado	Banane	Birne	Dattel (ge- trocknet)	Feige (frisch)	Feige (ge- trocknet)	Kirsche	Pfirsich	Pflaume Zwet- sche	Grape- fruit	Orange	Manda- rine	Zitrone
Eiweiß	in g	0.3	1	5	1.9	1.1	0.6	2	1.3	3.9	1.1	0.7	0.6	0.6	1	0.6	0.9
Fett	in g	0.4	0.2	0.5	23.5	0.2	0.4	0.5	0.4	1.3	0.4	0.1	0.1	0.2	0.2	0.2	0.5
Kohlenhydrate	in g	13.1	12.3	66.9	3.4	22.5	13.4	71.9	17.4	62.5	16.1	9.8	16	9.8	11.9	10.2	7.4
Kalorien		57	55	292	233	96	60	300	78	277	72	43	67	43	53	45	38
Joule		238	230	1222	975	402	251	1255	326	1159	301	180	280	180	222	188	159
Natrium	in mg	2	2	19	3	1	8	18	2	37	2	1	2	3	1	2	3
Kalium	in mg	127	280	1175	503	382	128	649	217	745	210	204	260	158	189	158	144
Kalzium	in mg	7	17	75	10	8	9	61	45	160	20	8	16	18	42	37	19
Magnesium	in mg	6	9	50	20-90	36	8	50	21	70	15	10	10	12	14	11	9
Phosphor	in mg	11	22	111	38	27	13	60	27	93	20	21	18	16	22	19	16
Eisen	in mg	0.4	0.6	5	0.6	0.7	0.3	2.5	0.6	3.2	0.4	0.5	0.5	0.4	0.4	0.4	0.6
Chlor	in mg	4	2	35	10	125	4	290	14	105	3	5	2	2	1	4	4
Mangan	in mg	0.07	0.2	0.28	2.25	0.65	0.06	0.15	-	0.35	0.03	0.11	0.1	0.01	0.025	0.04	0.04
Kupfer	in mg	0.08	0.12	0.4	0.4	0.2	0.13	0.21	0.06	0.35	0.07	0.01	0.3	0.02	0.07	0.1	0.26
Schwefel	in mg	5	6	164	25	12	7	400	12	69	8	7	5	5	8	10	8
Vitamin A	in µg	8	298	770	12	38	6	5	8	8	13	73	35	3	15	57	3
Vitamin B₁	in mg	0.03	0.04	0.01	0.08	0.05	0.03	0.07	0.06	0.11	0.05	0.02	0.08	0.05	0.09	0.06	0.05
Vitamin B₂	in mg	0.03	0.05	0.13	0.15	0.06	0.04	0.09	0.05	0.1	0.05	0.05	0.04	0.03	0.04	0.03	0.02
Niacin	in mg	0.2	0.7	3.3	1.1	0.7	0.2	2	0.5	1	0.4	0.9	0.5	0.2	0.4	0.2	0.2
Vitamin B₆	in mg	0.03	0.07	0.25	0.19-0.26	0.32	0.02	0.1	0.13	0.32	0.05	0.02	0.05	0.02	0.026	0.07	0.06
Pantothensäure	in mg	0.1	0.3	0.7	0.9	0.2	0.05	0.8	0.4	0.5	0.08	0.12	0.13	0.25	0.14	-	0.2
Vitamin C	in mg	7	10	12	13	11	4	2	3	-	13	8	5	41	50	32	53
Vitamin E	in mg	0.3	-	-	3	0.5	0.4	-	-	-	-	-	-	0.25	0.04	-	-
Vitamin K	in mg	-	-	-	-	-	-	-	-	-	-	-	-	-	-	-	0.5

Quellen: Dr. Schneider: Nutze die Heilkraft der Natur, Saatkorn Verlag, eigene Zusammenstellung.

Nähr- und Wirkstoffübersicht von Beerenfrüchten

100 g eßbarer Substanz enthalten im Durchschnitt		Erd- beere	Hage- butte	Heidel- beere	Him- beere	Wein- traube	Rosine
Eiweiß	in g	0,8	3,6	0,7	1,3	0,7	1,1
Fett	in g	0,5	0,7	0,6	0,4	0,3	0,5
Kohlenhydrate	in g	7,3	22	13,7	9,1	16,9	64,4
Kalorien		37	102	63	46	73	246
Joule		155	426	264	192	305	1049
Natrium	in mg	2	50	1	1	3	52
Kalium	in mg	156	50	73	169	183	860
Kalzium	in mg	24	510	13	31	15	61
Magnesium	in mg	15	120	2	30	9	42
Phosphor	in mg	25	250	11	33	20	33
Eisen	in mg	1	8	0,9	1	0,5	1,6
Chlor	in mg	11	500	8	10	2	9
Mangan	in mg	0,06	-	2,3	-	0,083	0,32
Kupfer	in mg	0,13	-	0,11	-	0,1	0,2
Schwefel	in mg	12	100	11	7	9	42
Vitamin A	in µg	13	90	26	7	5	30
Vitamin B$_1$	in mg	0,03	0,1	0,03	0,03	0,05	0,1
Vitamin B$_2$	in mg	0,06	0,07	0,06	0,07	0,03	0,08
Niacin	in mg	0,6	0,4	0,5	0,6	0,3	0,5
Vitamin B$_6$	in mg	0,04	-	0,09	0,09	0,1	0,3
Pantothensäure	in mg	0,26	-	0,12	0,2	0,08	0,09
Vitamin C	in mg	62	1250	18	25	4	1
Vitamin E	in mg	-	47	-	-	-	-
Vitamin K	in mg	0,1	0,1	-	-	-	-

Quellen: Dr. Schneider: Nutze die Heilkraft der Natur, Saatkorn Verlag, eigene Zusammenstellung.

Getränke

So unangenehm es ist - die normalerweise verwendeten Getränke sind in der Makrobiotik fast alle zu meiden.

Alle Frucht- und Gemüsesäfte (wenn schon, dann die ganze Frucht essen!) werden weggelassen. Genauso auch alle Weine oder stärkeren Alkoholika.

Wenn man ab und zu etwas Fisch ißt, ist es in Ordnung, ein Glas Bier zu trinken (als Ausgleich der zwei entgegengesetzten Energien).

Vor dem unmäßigen Trinken von Mineralwasser ist abzuraten, auch wenn oft geraten wird, bis zu 2 Liter davon täglich zu trinken.

Wir nehmen mit jeder Nahrung zugleich auch Wasser auf, wie zum Beispiel in Suppen, Gemüsegerichten und dem mit Wasser gekochten Getreide.
Grundsätzlich trinken Sie nur, wenn Sie Durst haben.
Meist haben wir auch mehr Durst, weil wir zu stark gewürzte und gesalzene Nahrung essen.
In manchen Mineralwässern ist der Natriumgehalt pro Liter bis zu 1 000 Milligramm - also 1 Gramm Natrium pro Liter. Deshalb immer auf das Etikett achten und natriumarmes Mineralwasser kaufen.
Schwarzer (fermentierter) Tee ist ebenfalls zu meiden, da die Fermentation unter unnatürlichen Bedingungen abläuft.
Kräutertees (am besten offen im Naturkostladen kaufen) können zur Abwechslung getrunken werden. Eine Vielzahl heimischer Kräuter hat eine wohltuende Wirkung.
Im folgenden finden Sie einige Getränkempfehlungen:

Grüner Tee
ist das am meisten konsumierte Getränk in Japan. Er wird aus jungen Teeblättern, die im Juni gepflückt werden, hergestellt. Die Teeblätter werden nicht aufgekocht, sondern man läßt sie einige Minuten lang in heißem Wasser ziehen. Dieser Tee wirkt anregend und sollte abends nicht mehr getrunken werden.

Dreijahrestee
Man unterscheidet 2 Sorten: Kukicha und Hojicha.

Kukicha (Bancha-Zweigtee)
ist eine makrobiotische Eigenart. Er enthält keine Blätter, sondern nur die Zweige des Teebusches selbst (Zweigtee). Diese ärmste Art Tee ist jedoch die gesündeste und geschmacklich beste Teesorte. Da dieser Tee fast kein Koffein und Teein enthält, ist er ein ideales Getränk für Kinder und Erwachsene. Kukicha wird zuerst trocken geröstet und dann 10 Minuten gekocht. Man kann ihn zu jeder Zeit trinken.

Hojicha (Bancha-Tee)
wird erst dann gepflückt, wenn keine frischen Blätter mehr vorhanden sind. Die alten Blätter werden immer geröstet, dadurch erhalten sie ihren würzig-erdigen Geschmack. Hojicha wird entwe-

der gekocht wie Kukicha oder nur aufgegossen. Auch ihn kann man nach jeder Mahlzeit verwenden.

Mu Tee
wird nach einem uralten chinesischen Rezept hergestellt, das Herr Ohsawa für den Westen entdeckte. Es gibt zwei Arten:

Mu Tee 9
besteht aus einer Mischung von 9 verschiedenen Pflanzen (Petersilwurzel, Pfirsichkerne, Ingwer, Ginseng, Hoelen, Zimt, Peonienwurzel, Licorice und Rhemannia).

Mu Tee 16
hat 16 verschiedene Pflanzen (wie oben plus Nelke, Mandarinenschale, Zypresse, Atractylis, Moutan, Coptis und Onicus).

Mu Tee wirkt stärker als Ginseng allein, da seine Mischung nach dem Yin-Yang-Prinzip zusammengestellt wurde. Je nach Wunsch wird milder Tee circa 10 Minuten gekocht, stärkerer Tee wird auf kleinem Feuer so lange gekocht, bis die Hälfte der Flüssigkeit übrigbleibt. Er ist ein sehr kräftiger Tee und sollte nicht öfter als zwei- bis dreimal pro Woche getrunken werden.

Lotustee
wird aus pulverisierten Lotuswurzeln zubereitet. Bei Husten, Keuchhusten, Asthma, Lungenerkrankungen trinkt man 3 mal täglich zwischen den Mahlzeiten und vor dem Schlafen eine Schale Lotustee. 10 Gramm Lotusteepulver in 1 / 8 Liter Wasser auflösen, bis zum Kochen erhitzen und so heiß wie möglich trinken.

Kaffee:

Löwenzahnwurzelkaffee (Dendelio)
Schon seit altersher kennt man die heilsame Wirkung der Löwenzahnwurzel und ihres Krautes. Der aromatische Geschmack dieses Kaffees erinnert an einen guten Malzkaffee. Er wird auch für bettnässende Kinder empfohlen.

Klettenwurzelkaffee (Bardan)
aus Klettenwurzeln hergestellt, ist sein Geschmack anders als beim Löwenzahnwurzelkaffee. In Asien und Europa ist bekannt,

daß er bei Hautkrankheiten eine gute Wirkung hat, da er die Haut glatter und schöner macht.

Yannoh
ist ein spezieller Getreidekaffee mit köstlichem Geschmack. Er ist sehr gesund und überall beliebt, nicht nur bei Kindern. Man kann ihn heute auch schon als Instant-Getränk beziehen. 1 Eßlöffel Yannoh in 1/2 Liter kaltes Wasser geben und zum Kochen bringen, 10 Minuten auf kleiner Flamme kochen.

Gerstenkaffee
besteht aus gerösteten Getreidekörnern und schmeckt eigentlich wie Tee.

Grüner Tee mit Vollreis
1 Eßlöffel dieser bereits fertigen Teemischung in eine Teekanne geben und 1 Liter kochendes Wasser darübergießen, 5 bis 10 Minuten ziehen lassen.

Gerstentee
Ungeschälte Gerste trocken rösten bis sie fast schwarz ist, 2 Eßlöffel davon mit 1 Liter Wasser 5 Minuten kochen.

Buchweizentee
Wenn Sie Buchweizennudeln kochen, heben Sie das Wasser auf. Mit ein paar Tropfen Tamari würzen und als heißes Getränk im Winter servieren.

Hafertee
2 Eßlöffel Haferflocken in einer Pfanne trocken rösten, bis sie nußartig riechen, nun 1 Liter kochendes Wasser darübergießen und 5 bis 10 Minuten kochen kassen, mit einer Prise Salz oder Tamari würzen.

Shoyu-Bancha
In jede Teeschale 2 bis 3 Tropfen Shoyu (= Tamari) geben und heißen Bancha eingießen.

Bancha- oder Zweigtee mit Orangen- und Zitronenschalen
Zubereitung wie Zweigtee, nur geben Sie noch 1 Stückchen Orangen- oder Zitronenschale dazu.

Kuzugetränk
1 Teelöffel Kuzu in 1 / 4 Schale kaltem Wasser auflösen. 1 Umeboshi zerdrücken und mit 1 / 2 Schale Wasser zum Kochen bringen, aufgelöstes Kuzu einrühren und 5 bis 10 Minuten leicht kochen bis glasig, nun mit ein paar Tropfen Tamari (im Winter noch mit etwas frischem Ingwersaft) würzen.

Umeboshisaft
2 Umeboshi zerdrücken und in 1 Liter Wasser circa 1 Stunde bei kleiner Flamme kochen lassen, kalt serviert eine herrliche Erfrischung bei sommerlichen Temperaturen.
Verwenden Sie den Saft auch für Salate.

Kokohgetränk
2 Eßlöffel Kokohpulver mit 1 Liter Wasser zum Kochen bringen und 20 Minuten auf kleiner Flamme kochen lassen (immer umrühren).

Apfelsaft

Äpfel fein hacken und in 1 1 / 2 Liter Wasser mit 1 Prise Salz kochen lassen, nun im Mixer pürieren. Kühl servieren. Trinken Sie diesen Saft nur, wenn es sehr heiß ist, oder wenn Sie in ein tropisches Klima gehen. Sie können sich dadurch besser der Hitze anpassen. Nicht trinken, wenn Sie sehr ernst krank sind!

Würzmittel und Spezialitäten

Gomasio
besteht aus einer Mischung von geröstetem Sesam und Meersalz. Es hat einen hohen Gehalt an mehrfach ungesättigten Fettsäuren, leicht verdaulichen Eiweißstoffen, Vitaminen und Fermenten. Der große Anteil an Lecithin macht diese Würze zu einer vorzüglichen Gehirn- und Nervennahrung. Gomasio entsäuert das Blut. Als Gewürz dient es zum Bestreuen von Getreide und Gemüse

oder als Zutat für Brotaufstriche. Nur sparsam verwenden wegen seines Salzgehaltes.

Tahin
ist eine spezielle Sesampaste mit hohem Eiweißgehalt (komplette Aminosäurenkette!), ungesättigten Fettsäuren, Vitaminen, Spurenelementen und Lecithin. Allein oder mit Miso gemischt, dient es als Aufstrich für Brote, Waffeln oder als Würze für Saucen.

Vollreisessig
Dieser Essig ist die qualitativ beste Art. Er reift in großen Tonkrügen 12 Monate. Seine Zutaten sind fermentierter Vollreis und Quellwasser.

Mirin
ist ein natürlich vergorener süßer Reiswein, der mindestens 9 Monate gereift ist. Er enthält circa 14% Alkohol und ist in kleinen Mengen zum Würzen von Salaten, Desserts und Saucen empfehlenswert. Wohlgemerkt - beim Kochen verdampft der Alkohol - es bleibt nur der aromatische Geschmack im Essen.

Umeboshiessig
ist eigentlich kein Essig, sondern der Saft, welcher sich bei der Umeboshiherstellung (Salzaprikosen) bildet. Eine köstliche Würze für Saucen, Salate und Gemüse.

Tekka
ist ein delikates Streugewürz aus sautierten Karotten, Klettenwurzeln, Lotuswurzeln, Sesamöl und Miso. Ein herzstärkendes und kräftigendes Tafelgewürz.

Lotuswurzeln
sind die Wurzeln der Lotuspflanze, die horizontal im Schlamm wachsen. Sie sind bei uns getrocknet erhältlich und gut für die Lunge.

Kuzu
ist eine ungewöhnlich hoch konzentrierte Stärke, die vom Blutstrom schnell aufgenommen und im menschlichen Stoffwechsel sofort in Energie verwandelt wird. Es ist seit Jahrtausenden be-

kannt und hilft bei Durchfall, Magenerkrankungen und Verdauungsschwierigkeiten. Die Stärke in kaltem Wasser auflösen und bei niedriger Temperatur erhitzen und unter Rühren eindicken lassen. Zum Andicken von Gemüse, Saucen und Suppen. Es sollte jedoch nur als Medizin eingesetzt werden, daher empfiehlt sich für den täglichen Gebrauch Pfeilwurzelmehl.

Pfeilwurzelmehl (Arrowroot)
ist das Stärkemehl der Pfeilwurzel. Es ist bekannt wegen seiner hervorragenden Wirkung auf die Verdauungsorgane und wird als Bindemittel verwendet.

Seitan
ist aus dem Klebereiweiß des Weizens hergestellt und eignet sich für Gulasch, Spießchen, Eintöpfe, Schnitzel usw.
Ein Vollweizenteig wird unter Wasser ausgewaschen, bis nur das Klebereiweiß übrigbleibt. Dann wird diese fleischähnliche Substanz in Wasser mit Kombu, Tamari und Ingwer gekocht.

Speiseöle und ihre Anwendung

Öle verwenden wir fast nur zum Kochen, Braten und Backen, sehr selten roh für Salate.
Das wertvollste Öl ist das japanische geröstete Sesamöl. Man benötigt davon nur einige Tropfen beim Braten und hat einen angenehm nußartigen Geschmack.
Zum Fritieren in tiefem Öl empfiehlt sich Sonnenblumenöl, da es am wenigsten schäumt.
Was man vermeiden sollte, ist der Gebrauch von Palmkernöl und Kokosöl, da bei diesen der Gehalt an schwer verdaulichen Fettsäuren sehr hoch ist.
Verwenden Sie überhaupt nur kaltgepreßte, unraffinierte Öle.

zum Fritieren:	zum Braten:	für Salate:
Sonnenblumenöl	geröstetes japanisches Sesamöl	geröstetes japanisches Sesamöl
Distelöl		
Maisöl	Maisöl	Olivenöl
	ungeröstetes Sesamöl	Kürbiskernöl
	Sonnenblumenöl	

Süßmittel als Ersatz für Zucker und Honig

Zucker ist ein Vitaminräuber. Außerdem benötigt er, um abgebaut zu werden, Energie und Stoffe, die andere Organe und unsere Knochen notwendig brauchen. Der Bakterienhaushalt im Darm wird durch ihn verändert. Die ursprünglichen, gesunden Darmbakterien aber besitzen die Fähigkeit, bei Mangel an gewissen Nährstoffen, diese aus einfachen Grundstoffen selbst herzustellen.
Dasselbe gilt für Fleisch. Zucker und Fleisch sind zwei antagonistische Energien. Essen wir das eine, brauchen wir das andere.
Zwischen weißem und braunem Zucker besteht in der Wirkung kaum ein Unterschied.
Honig kann, in kleinen Mengen genossen, eine Medizin sein. Er ist jedoch für Magenempfindliche nicht zu empfehlen. Er ist aber wie Zucker (wenn auch nicht so stark) ein Vitamin B-Räuber. Da die meisten Bienenvölker mit Zucker gefüttert werden, sind sie schwach und krank (Milben) — dementsprechend ist auch der Honig!

Die (nicht vorhandenen) Werte von Zucker in 100 g

100 g eßbarer Substanz enthalten im Durchschnitt		unraffinierter brauner Zucker	raffinierter weißer Zucker
Wasser	in g	3	1
Proteine	in g	0	0
Faserstoffe	in g	0	0
Vitamin A	in mg	0	0
Vitamin B$_1$	in mg	0	0
Vitamin B$_2$	in mg	0	0
Niacinsäure	in mg	0	0
Vitamin C	in mg	0	0
Natrium	in mg	24	0,3
Kalium	in mg	230	0,5
Kalzium	in mg	76	0
Magnesium	in mg	–	0
Phosphor	in mg	40	–
Eisen	in mg	–	–
Mangan	in mg	–	–
Kilokalorien		382	387

entnommen: Documenta Geigy, Wissenschaftliche Tabellen

Zusammensetzung von Süßmitteln

	Zuckerrüben-sirup	Vollreismalz	Gerstenmalz
Dextrine (verschiedene Zuckerarten)	–	10-21 %	–
Fructose	8,6 %	–	0,8 %
Glucose	8,7 %	11-16 %	6,8 %
Saccharose	42,6 %	–	3,2 %
Maltose	–	40-52 %	45,4 %
Broteinheiten	5,6	5,6	5,8
Eiweiß	–	4-7 %	–

Analysen von Lima, Belgien

Als Süßmittel empfehlen wir Ihnen:
Reismalz, welches das mildeste Süßmittel ist. Es wird aus vermälztem Vollreis hergestellt und hat keinen Nebengeschmack. Ähnlich ist das
Gerstenmalz, das einen stärkeren Eigengeschmack besitzt. Beide lassen sich sowohl zum Kochen, Backen oder als Aufstrich verwenden.
Das vollwertigste Süßmittel ist **Amazake**.
Dies ist ein mit fermentiertem Vollreis vermälzter Vollgetreidebrei, der sich hervorragend zum Süßen von Getränken, Puddings, Gebäck etc. eignet.

Zum Verdauen von Süßmitteln sind immer Eiweiß, verschiedene Mineralstoffe und Vitamine nötig - wenn der Süßstoff diese selbst nicht enthält, müssen sie aus den Reserven des Körpers entnommen werden.
Leider gibt es bis heute noch keine genauen Angaben, jedoch enthalten Vollreismalz sowie Gerstenmalz Eiweiß, Mineralstoffe und Vitamine.

Warum keine Milch, Milchprodukte und kein Fleisch?

Der Zusammenhang zwischen Milchtrinken und Fleischkonsum

Milchtrinken bedeutet auch Fleischessen. Dies ist ein Denkanstoß für alle „Lacto-Vegetarier".

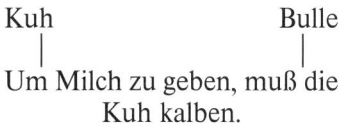

Kuh   Bulle

Um Milch zu geben, muß die Kuh kalben.

Kalb

Laut Wahrscheinlichkeit ist fast die Hälfte aller Kälber männlich, für Milchproduktion daher unverwertbar.

junge Kuh   junger Bulle

Ein Teil wird zur Aufzucht verwendet. Aber nicht alle Kälber werden für die Milchproduktion großgezogen – der weitaus größere Teil wandert zum Schlachthof.

Wandert zum Schlachthof. Zur Weiterzucht reicht ein Bulle, er kann viele Kühe decken.

Wohin jedoch mit dem Fleisch, wenn es nicht gegessen wird?

In Deutschland wird pro Tag und pro Person verzehrt:
250 Gramm Fleisch
250 Milliliter Milch
Der Eiweißbedarf ist schon von den 250 Gramm Fleisch gedeckt.
Dazu kommen noch alle anderen eiweißhaltigen Nahrungsmittel!

Der in Unmengen anfallende Tierdung ist auch ein Umweltproblem, da bei der Verwendung von Tierdung als Bodendünger oftmals die Bodenqualität und die Qualität der darauf gezogenen Pflanzen stark beeinträchtigt wird.

Erwähnenswert ist auch, daß für 1 Kilogramm Käse bis zu 100 Liter Milch benötigt werden.

Kuhmilch enthält sehr viele wichtige Nährstoffe, sagt man - aber die Milch, die wir heute kaufen können, hat damit meist nichts mehr zu tun. Unzählige Behandlungen der Tiere (Hormone zur Steigerung der Milchproduktion, Medikamente) und der abgemolkenen Milch lassen den ursprünglichen Wert drastisch sinken.

Milch ist eine Ernährung für Babies, da sie feste Nahrung noch nicht verdauen können (die nötigen Enzyme fehlen). Der Mensch ist das einzige Lebewesen, das bei der Säuglingsernährung artfremde Milch verwendet.

Bei den meisten Menschen fehlen die Wirkstoffe, um die Milch richtig zu verdauen (Lactase) - siehe folgende Tabellen:

Milchzucker = Lactase
verwandelt sich durch die Tätigkeit von Milchsäurebakterien je nach Temperatur und Keimgehalt unterschiedlich schnell in

Milchsäure (Lactat).

Im Darm wird er durch das Enzym β-Galaktosidase (früher: Lactase) in Glucose und Galaktose zerlegt und resorbiert.

Problematisch wird der Genuß von Milch bei Lactose-Intoleranz (Lactose-Malabsorption/Milchzuckerunverträglichkeit). Der Milchzucker kann infolge von Enzymmangel im Dünndarm nicht gespalten werden und gelangt in tiefere, bakteriell besiedelte Darmabschnitte, wo er zu Milchsäure, Essigsäure und Kohlendioxid abgebaut wird. Diese Verdreifachung der Molekülzahl führt zur Steigerung des osmotischen Druckes und zu Wassereinstrom in den Darm und damit zu Durchfall.

Man unterscheidet primären, angeborenen Lactasemangel und den erworbenen Lactasemangel des Erwachsenenalters sowie den sekundären Lactasemangel, der als Folge von Dünndarmerkrankungen (wie zum Beispiel Sprue) auftritt. Bei etwa 90 % der erwachsenen Weltbevölkerung besteht Lactasemangel, wobei jedoch deutliche ethnische Unterschiede festzustellen sind.

Häufigkeit des Lactasemangels bei Erwachsenen
in unterschiedlichen Populationen (nach Dalquist, 1983)

Schweden	3%
Finnland	16%
Schweiz	17%
England	20 bis 30%
Frankreich	42%
USA, Weiße	6%
USA, Schwarze	73%
Afrikaner, Hamiten	10%
Afrikaner, Neger	fast 100%
Japan (wahrscheinlich auch alle übrigen Bevölkerungsgruppen des Fernen Ostens	fast 100%

Für die Kinderernährung gilt: Kuhmilch ist nicht gleich Muttermilch!

Ein Säugling sollte, wenn möglich, mit Muttermilch gestillt werden.

In Kuhmilch fehlt der sogenannte Bifidusfaktor - eine Lycotbazillenart, die in der Muttermilch enthalten ist. Ein Kalb soll in wenigen Wochen laufen und stehen können - während beim Menschen sich zuerst das Gehirn entwickelt. Die jeweilige Milch gibt demnach die entsprechenden Nährstoffe, um diese Entwicklung zu fördern. So enthält Kuhmilch bis zu 5 mal mehr Mineralstoffe und 3 mal soviel an Aminosäuren.

Hat die Natur nicht eben genau der Kuh ihre Milch für das Kalb gegeben und nicht für den Menschen?

Die Fälle mit Verdauungsproblemen bei Kuhmilch vermehren sich täglich.

Chemische Zusammensetzung der Muttermilch

Mittelwerte in Milligramm/100 ml, wenn nicht anders vermerkt			
	Muttermilch (Reife Milch) (15 Tage bis 15 Monate post partum)	Kuhmilch	Sojamilch
Kalorien	65	65	42
Spezifisches Gewicht	1,031	1,031	
Feste Stoffe, total	12,9 g	12,43 g	
Asche, total	202	715	200
Mineralien			
Natrium	17,2	76,8	24
Kalium	51,2	143	
Calcium	34,4	137	9
Magnesium	3,5	13	
Mangan	Spur	3,5 μg	
Eisen	0,03	0,04	0,4
Kupfer	0,05	0,006	
Phosphor	14,1	91	40
Schwefel	14	30	
Chlor	37,5	108	
Proteine, total	1060	3246	
Casein	370	2493	
Lactalbumin	360	236	
Aminosäuren	1200	3300	3600
Arginin	43,3	140	
Histidin	23,7	120	
Isolsucin	61,0	250	
Laucin	96,6	360	
Lysin	70,1	270	
Methionin	11,6	75	
Threronin	51,8	175	
Tryptophan	19,2	60	
Valin	72,5	260	
Reststickstoff, total	32,4	25,2	
Harnstoff-N	10,0	13,27	
Harnsäure-N	2,2	2,41	
Creatinin-N	1,1	0,705	
Creatin-N	1,1	4,035	
Aminosäuren-N	5,0	0,68	
Lactose			
Direkt bestimmt	7100	4700	
Als Differenz	6800	-	
Fette, total	4640	3800	2600
Fettsäuren, essentielle	346	99	
Vitamine			
Vitamin A	61 μg	27 μg	
Vitamin B_1	14,2 μg	43 μg	23 μg
Vitamin B_2	37,3 μg	156 μg	10 μg
Vitamin B_{12}	Spur	0,66 μg	
Vitamin C	5200 μg	1100 μg	
Vitamin D	-	-	0,005 μg
Vitamin E	240 μg	60 μg	230 μg
Nicotinsäure †	183 μg	74 μg	
Pantothensäure	246 μg	340 μg	
Pyridoxin	18 μg	31 μg	
Biotin	0,81 μg	2,17 μg	
Folsäure	0,14 μg	0,13 μg	
Inosit	44,9 μg	8 μg	
Cholin	8,9 μg	10 μg	

Quelle: Ciba Geigy
Lima (Produzent von Sojamilch in Belgien)

53

Der Ersatz von Kuhmilch beim Kleinkind

Kokoh – Getreidemilch zum Selbermachen:

35% Vollreis	
60% Süßreis	Variante 1
5% heller Sesam	

55% Vollreis	
20% Süßreis	
5% Sojabohnen	Variante 2
5% heller Sesam	
15% Haferflocken	

Alle Zutaten (bis auf die Haferflocken) gut waschen, dann in einer schweren Eisenpfanne langsam trocken rösten, bis die Samen goldbraun sind. Alles zusammenmischen und zu feinem Mehl mahlen. (Am besten in einer Handmühle, elektrische verkleben leicht)

Anwendung: 2 Eßlöffel Kokoh auf eine 3/4 bis ganze Tasse Wasser geben und circa 30 Minuten auf kleiner Flamme kochen. Reismalz kann in kleinen Mengen dem Kokoh beigemengt werden.

Es ist wichtig, daß das Kokoh selbst gemacht wird, und nicht schon fertig gekauft wird (für die Babyernährung). Man kann es für eine Woche vorrösten, gemahlen sollte es immer frisch werden.

Kokoh sollte immer nur zusätzlich verabreicht werden. Größtenteils sollte ein Vollgetreideschleim gegeben werden, der sich beim Kochen von Vollgetreide bei einer Kochzeit von 5 Stunden (Verhältnis von Reis zu Wasser = 1:5), vor allem vom Reis, bildet.

Ausführliche Angaben über Kinderernährung und -erziehung siehe: Mayli LaoShin - Glücklich Mutter werden und sein (unter Buchempfehlungen).

Sojamilch sollte Kleinkindern nur in geringen Mengen gegeben werden.

Ist das Verlangen nach einem milchähnlichen Getränk groß, kann man als Brücke Sojamilch verwenden.

Wie die unten angegebene Tabelle zeigt, läßt sich dieses Sojabohnengetränk ohne weiteres mit den Qualitäten von Kuhmilch vergleichen, und es ist cholesterinfrei!

Wie schon gesagt, ist Sojamilch für Säuglinge jedoch nicht zu empfehlen – und für Erwachsene nur in kleinen Mengen. Sojamilch ist kein Milchersatz!

Analysenvergleich von Milch auf 100 g

	Lima Sojadrink	reife Muttermilch	Kuhmilch
Kalorien	42 Kcal	65 Kcal	65 Kcal
Wasser	92,6 g	88,6 g	88,6 g
Proteine	3,6 g	1-1,4 g	2,9 g
Fett	2,6 g	3,3-4,5 g	3,5 g
Kohlenhydrate	1 g	7,2 g	4,5 g
Asche	0,2 g	0,2 g	0,7 g
Kalzium	9 mg	34,4 mg	100-130 mg
Natrium	24 mg	17,2 mg	40-70 mg
Phosphor	40 mg	14,1 mg	91 mg
Eisen	0,4 mg	0,03-0,2 mg	0,04-0,1 mg
Vitamin B_1	0,023 mg	0,014 mg	0,043 mg
Vitamin B_2	0,01 mg	0,03 mg	0,15 mg
Vitamin E	0,23 mg	0,24 mg	0,6 mg

Quelle: Biogarten Sojadrink-Info 1987

Daß **Fleisch** ein für uns nicht lebenswichtiges Nahrungsmittel ist, weiß mittlerweile fast jedermann. Fleisch ist relativ lange tot, bevor es verzehrt wird, es wird „abgehangen", damit sich die Totenstarre aus den Gliedern löst. Es bedeutet für uns ein Zuviel an Eiweiß und trägt somit wesentlich an unseren Erkrankungen bei. Verhärtungen und Verspannungen sind oft die Folgen.

Im geistigen Bereich verhindert der Fleischgenuß unser Vorwärtsschreiten, da wir uns nur am Geschmack und der rein physischen Kraft orientieren.

Fleisch- und Milchgenuß bedeuten eine brutale Ausbeutung von höher entwickelten Lebewesen auf dieser Erde. Wir vergewaltigen damit auch mehr und mehr unsere Landschaft auf verschiedenen Ebenen:

Aussehen (Zäune, zertrampelte Wiesen)
Geruch (von dem anfallenden Dung)
Belastung der Böden und des Grundwassers mit den scharfen Substanzen des Tierdungs.

Fleisch und Milch enthalten auch keinerlei Ballaststoffe; diese sind aber ein wichtiger Bestandteil unserer Nahrung. Sind zuwenig Ballaststoffe in unserem Essen, kommt es zu Darmträgheit, Verstopfung und anderen weitverbreiteten Verdauungsstörungen.

Ballaststoffgehalt verschiedener Nahrungsmittel (in % per 100 g)

Hiziki	13,0	Sonnenblumenkerne	4,7
Kombu	10,8	Wakame	3,6
Roggen	8,3	Sesamsaat	2,9
Arame	7,1	Miso (Hatcho)	2,2
Hirse	7,0	Möhren	1,5
Buchweizen	6,6	Naturreis	1,0
Sojabohnen	6,5	Tofu	0

Quelle: Rolf Goetz, Kochen mit Meeresgemüse, Pala Verlag 1986

Verwertbares Protein pro Hektar Anbaufläche

Sojabohne	399 kg	Milch	92 kg
Reis	297 kg	Eier	87 kg
Mais	237 kg	Hühnerfleisch	50 kg
Weizen	237 kg	Rindfleisch	22 kg

Quelle: Soja-Küche, Alexander Nabben, Pala Verlag

Es ginge auch „ohne"
Verzehrte Kalorien in den Vereinigten Staaten von Amerika und Indien 1970 (Angaben in kcal pro Person und Tag)

		Kalorien (kcal) 1 kcal = 4,184 kJ		Futterkalorien (tierische	Gesamtprimärkalorien (pflanzliche
	gesamt	pflanzlich	tierisch	Kalorien x 7)	und Futterkalorien)
USA	3300	1869	1431	10017	11886
Indien	1990	1881	109	763	2644
Differenz	1310				9242

Quelle: Körber, Männle, Leitzmann: Vollwerternährung, Haug Verlag 1986

Verbrauch fossiler Energie zur Erzeugung von 1 Nahrungskalorie verschiedener Lebensmittel

Verbrauchte Kalorien fossiler Energie zur Produktion einer Nahrungskalorie	Produktionsarten
0,01 bis 0,05	traditionelle Landwirtschaft in den nichtindustrialisierten Gegenden und in Europa vor dem 19. Jahrhundert
0,05 bis 0,1	Reisanbau in Thailand Außenanbau von Kartoffeln biologischer Gartenbau
0,1 bis 0,2	Anbau von Hülsenfrüchten (Soja, Linsen, Bohnen). Reisanbau in Europa. Biologischer Anbau von Getreide, Kartoffeln und zahlreichen anderen pflanzlichen Produkten
0,2 bis 0,5	Anbau von Getreide, Mais, Kartoffeln und zahlreichen anderen pflanzlichen Produkten im konventionellen Anbau
0,5 bis 0,9	Landwirtschaft im Familienbetrieb. Sehr extensive Rinderzucht (Ranch). Biologische Milchwirtschaft mit Grasweiden
1 bis 2	Konventionelle Milchwirtschaft mit Grasweiden. Küstenfischerei
2 bis 5	Konventionelle Rinderzucht (Fleisch) mit Grasweiden. Industrielle Geflügelzucht. Industrielle Michwirtschaft
5 bis 10	Intensive Rinderzucht (Fleisch)
10 bis 20	Industrielle Rinderzucht (Fleisch). Hochseefischerei

Quelle: Körber, Männle, Leitzmann: Vollwerternährung, Haug Verlag, Heidelberg 1986, S. 173.

Benötigte Futterkalorien zur Produktion von 1 Kalorie tierischer Nahrung

Hühnerfleisch	12 : 1
Rindfleisch	10 : 1
Milch	5 : 1
Eier	4 : 1
Schweinefleisch	3 : 1
Durchschnitt	7 : 1

Quelle: Körber, Männle, Leitzmann: Vollwerternährung, Haug Verlag 1986

Benötigtes pflanzliches Protein zur Produktion von 1 kg tierischem Protein

Rindfleisch	17 : 1
Eier	4 : 1
Milch	3 : 1
Durchschnitt	7 : 1

Quelle: Körber, Männle, Leitzmann: Vollwerternährung, Haug Verlag 1986

Das Problem des Bluthochdruckes

In der Bundesrepublik Deutschland leiden ungefähr 12 bis 18 Millionen Bürger an Bluthochdruck (= 20 bis 30 % der Bevölkerung!). Diese Krankheit würde nicht in diesem Ausmaß auftreten, wenn weniger Kochsalz verzehrt würde. Wieviel Salz nehmen wir im Durchschnitt zu uns? Derzeit liegt der NaCl-Konsum bei 10 bis 15 Gramm / d. Eine Verminderung auf 5 bis 3 Gramm pro Tag ist laut Aussage der Medizin die einzige Möglichkeit einer Vorbeugung und einer wirksamen Therapie gegen die Volkskrankheit Bluthochdruck.

Die Kochsalzaufnahme setzt sich folgendermaßen zusammen:
30 % NaCl aus Fleisch oder Wurstwaren
30 % NaCl aus Brot und Backwaren
10 % NaCl in verschiedenen Käsesorten
20 bis 30 % NaCl wird beim Kochen der Nahrung im eigenen Haushalt zugesetzt.

Wer Fleisch und Käse wegläßt, kann damit sofort 40 % seiner NaCl-Aufnahme reduzieren.

Wenn man sein Brot selbst backt, kann man mindestens 15 bis 25 % Kochsalz einsparen.

Ein gesunder Mensch kann 1 bis 2 mal im Monat etwas Käse, Joghurt oder Fisch zu sich nehmen.

Nähr- und Wirkstoffübersicht von Fleisch und Tierprodukten

100 g eßbarer Substanz enthalten im Durchschnitt		Vollmilch Kuhmilch 3,5% Fett	Rahm (Sahne) 30% Fett	Butter	(Speise-)Quark mager	Dick-milch	Bioghurt Joghurt (Vollmilch)	Käse (45%) Emmentaler (Hartkäse)	Camem-bert (30%)	Rind-fleisch mittelfett	Schweine-kotelett	Thun-fisch	Aal	Forelle	Lachs
Eiweiß	in g	3,2	2,4	0,67	17,2	3,5	3,9	27,4	23,5	17,5	19	18	15	19,5	19,9
Fett	in g	3,5	31,7	83,2	0,6	3,5	3,8	30,5	13,5	21,7	13	4,17	24,5	2,73	13,6
Kohlenhydrate	in g	4,7	3,4	0,72	+	4,5	4,6	0,9	0,9	-	-	+	+	+	+
Wasser	in g	87,7	62	15,3	79,4	87,7	87	34,9	58,2	60	66,9	61,5	59,3	76,3	65,5
Kalorien		64	309	754	81	63	68	398	228	283	207	242	299	112	217
Joule		269	1298	3167	340	265	286	1672	955	1185	867	1012	1250	467	907
Natrium	in mg	48	34	5	36	48	48	620	900	89	65	43	65	40	51
Kalium	in mg	157	112	16	95	157	157	100	120	329	315	-	217	465	371
Kalzium	in mg	120	80	13	71	120	120	1180	600	8,9	11	40	17	18	13
Magnesium	in mg	12	10	3		12	12	55	13	24,6	24		21	27	29
Phosphor	in mg	92	63	21	189	92	92	860	540	150	150	200	233	242	266
Eisen	in mg	0,1	+	0,1	0,5	0,1	0,1	0,9	0,17	2,8	1,8	1	0,69	0,69	1
Chlor	in mg	105	-	-	150	105	-	1210	1750	51	-	-	-	-	-
Mangan	in mg	0,002	-	-	-	0,002	-	-	-	-	0,06	-	-	30	30
Kupfer	in mg	0,01	-	-	-	0,01	-	0,13	0,08	-	-	-	52	-	0,014
Schwefel	in mg	29	-	-	-	29	-	-	-	-	-	-	-	0,15	0,2
Vitamin A	in μg	30	275	653	11	30	32	388	200	12	-	450	980	45	65
Vitamin B₁	in mg	0,04	0,03	0,005	0,04	0,04	0,04	0,05	0,05	0,075	0,22	0,16	0,18	0,084	0,17
Vitamin B₂	in mg	0,18	0,15	0,02	0,31	0,18	0,18	0,33	0,67	0,17	0,2	0,16	0,32	0,076	0,17
Niacin	in mg	0,1	0,1	0,03	0,1	0,1	0,1	0,1	1,2	4,5	4,3	805	2,6	3,41	7,5
Vitamin B₆	in mg	0,05	0,035	0,005	0,1	0,05	0,05	0,09	0,28	0,45	0,53	0,46	0,28	-	0,98
Pantothensäure	in mg	0,33	0,05	0,05	0,1	0,33	-	-	0,9	-	-	-	-	-	0,75
Vitamin C	in mg	2	1	+	1	2	1	+	-	-	-	-	-	-	-
Vitamin E	in mg	0,1	0,8	2,2	-	0,1	0,1	0,3	0,3	-	-	-	-	-	-
Vitamin K	in mg	-	-	-	-	-	-	-	-	-	-	-	-	-	-
Cholesterin	in mg	11,7	109	240	0,8	20-30	12	92	38	65-70	70	-	142	55	35
Vitamin B₁₂	in mg	-	-	-	-	-	-	-	3,1	-	-	4,25	1	-	2,89
Vitamin D	in mg	-	-	-	-	-	-	-	-	-	-	5,38	13	-	16,3

Quellen: Dr. Schneider: Nutze die Heilkraft der Natur, Saatkorn Verlag, ergänzt durch Fachmann, Souci, Kraut: Nährwerttabellen, Wissenschaftliche Verlagsgesellschaft mbH Stuttgart

Die tägliche Standarddiät

Volles Getreide (40% bis 60%)

Verwendung: im Ganzen gekocht: Reis, Hirse, Gerste, Weizen, Dinkel, Buchweizen, Hafer, Mais.

in Nudelform: Reis, Weizen, Buchweizen, Hirse (nur Vollkorn verwenden)
als Schrot oder Flocken: alle Getreidesorten
Mindestens einmal täglich sollte man gekochten Vollreis essen.

Gemüse (25% bis 40%)

Verwendung: kurz gebraten, blanchiert, fritiert, in Suppen gekocht
Empfohlene Gemüsesorten: Lauch, Chinakohl, Grünkohl, Wirsing, Weißkohl, Rosenkohl, Mangold, Brunnenkresse, Rettichblätter, Feldsalat, Karotten, Zwiebeln, Rettich, Petersilienwurzeln, Schwarzwurzeln, Klettenwurzeln, Sellerie, Pastinaken, Kürbis, grüne Bohnen, Gurken, Blumenkohl.
Sowohl Blatt- als Wurzelgemüse sollten täglich gegessen werden, da ihre Wirkung auf uns und ihr Nährwert verschieden sind. Im Winter verwendet man mehr Wurzelgemüse als Blattgemüse, im Sommer umgekehrt.

Hülsenfrüchte und Samen (5% bis 15%)

Einige Arten: Azukibohnen, Kichererbsen, Linsen, Schwarzbohnen, Sesam, Sonnenblumenkerne, Kürbiskerne
Sojabohnen in verarbeiteter Form: Tofu (eine Art Quark aus Sojabohnen)
Tempeh (käseähnlicher Geschmack)
Hülsenfrüchte und Samen sind sehr wichtig, denn sie ergänzen die Eiweißqualitäten des Getreides und enthalten sehr viele Mineralien, insbesondere Kalzium, Magnesium und Eisen.

Meeresgemüse (5% bis 10%)

Verwendung: gekocht in Suppen oder als Salate, gebraten
Arten: Kombu, Wakame, Hiziki, Arame, Nori, Dulse, Agar-Agar
2 Eßlöffel pro Tag genügen.

Frische, selbstgemachte Gemüsepickles oder rohe Salate (5% bis 10%)

Die Gemüsepickles können Sie selbst machen, aus Gemüse wie Chinakohl, Karotten, Rettich etc. Feinschneiden und mit etwas Meersalz in eine Picklespresse oder in einen Tontopf (mit einem Stein beschwert) geben. Nach 12 Stunden können sie gegessen werden.

Desserts (5% bis 10%)

aus gekochten, heimischen Früchten und / oder gerösteten Nüssen, aus Getreidebreis, oder aus Vollkornmehl gebacken, gesüßt jeweils mit Reis- oder Gerstenmalz.

Täglich sollten verwendet werden:

1 bis 3 Eßlöffel Miso (milchsauer fermentierte Sojabohnenpaste) in Suppe oder Gemüsen
1 bis 2 Eßlöffel Shoyu oder Tamari (Sojasaucen)
1 bis 2 Eßlöffel milchsaure Pickles wie Takuan-Rettichpickle, Umeboshi (milchsaure wilde Aprikosen), Ingwerpickles, Sauerkraut, Hama-Natto (milchsaure Bohnen).

Getränke

Banchatee (Blatt- oder Zweigtee), Mu-Tee, Löwenzahnkaffee, Getreidekaffee (Yannoh)
Wenn möglich, wenig trinken.

Öl

nur gute Qualität, wie kalt gepreßtes Sesam- und Maisöl, sollte verwendet werden. Auch Sonnenblumenöl zum Fritieren.

Salz

Verwenden Sie naturbelassenes Meersalz. Als Würze gibt es Miso, Sojasaucen, Tekka, Gomasio, Kombupulver.

Gut Kauen nicht vergessen. Jeder Bissen sollte 50 mal oder mehr gekaut werden.

Nahrungsmittel, deren Genuß vermieden werden soll:

1. Zucker und alle zuckerhaltigen Produkte wie Marmelade, Honig, Kuchen etc.
2. Tiefgekühlte, konservierte, synthetische und raffinierte Nahrungsmittel (Majonnaise, Essig, weißes Mehl etc.).
3. Tropische Gemüse und Früchte wie Bananen, Zitrusfrüchte, Auberginen...
4. Fleisch, Eier und andere tierische Nahrungsmittel (am Beginn kann gelegentlich noch frischer Fisch in kleinen Mengen genossen werden)
5. Milch und Milchprodukte
6. Alkohol, Bohnenkaffee, Fruchtsäfte und künstliche Getränke wie Coca-Cola und so weiter.

Die Standard-Diät in Prozenten

Vollkorn-Getreide	40 bis 60%
Gemüse	25 bis 40%, davon kann bis zur Hälfte roh verzehrt werden
Meeresgemüse (Algen)	10 bis 15%
Hülsenfrüchte und Samen	5 bis 15%
Suppen	5%
Tee, Früchte, Süßigkeiten, milchsaure Pickles	~5%

Vollgetreide

Mengenbeispiel eines Menüs

Bohnen

Gemüse

rohes Gemüse wie Salat oder selbstgemachte frische Gemüsepickles

Suppe mit Algen, Tofu, frischen Kräutern

Dessert

Was soll man wann essen?

Als Empfehlung die einzelnen Symbole
X = Hauptgericht – täglich verwendbar als Hauptmahlzeit
O = Seitentisch – als Beigericht
✶ = hin und wieder (1- bis 2mal im Monat)
I = zu besonderen Anlässen (2- bis 3mal im Jahr)
☐ = so gut wie möglich vermeiden
(Kranke sollten die letzten 3 Kategorien meiden.)

Getreide	O Fenchel	O Pferdebohnen
X Reis	✶ Kohlsprossen	O Schwarzaugen-
X Roggen	✶ Sellerie	bohnen
X Weizen	✶ Endivie	O Nierenbohnen
X Gerste	Bohnen	I Grüne Erbsen
X Hafer	✶ Salat	I Soyabohnen
X Hirse	✶ Lilienwurzel	
X Buchweizen	✶ Rettich, rund	**Meeresgemüse**
X Mais	✶ Kohl	O Hiziki
	I Erbsen	O Kombu
Gemüse	I Kohlrabi	O Wakame
O Wasserkresse	I Rotkraut	O Nori
O Brunnenkresse	I Artischoke	O Kanten (Agar
O Porree	I Spargel	Agar)
O Rettich, weiß	I Gurke	O Dulse
O Rettich, schwarz	I Eierpflanze	
O Kürbis	I Knoblauch	**Früchte**
O Broccoli	I grüner Paprika	✶ Apfel
O Kraut, weiß	I Pilze	✶ Kirsche
O Karotte	I Kartoffel	✶ Birne
O Karfiol	I Spinat	✶ Ananas
O Chinakohl	I Süßkartoffel	✶ Wassermelone
O Zwiebel	I Tomate	✶ Kastanie
O Schnittlauch	I Radieschen	I Erdbeere
O Petersilie und		I Marille
Wurzel	**Bohnen**	I Schwarzbeere
O Klettenwurzel	O Rote Azuki	I Blaubeere
(Blätter nicht)	O Schwarze Boh-	☐ Dattel
O Löwenzahn-	nen	☐ Feige
wurzel und	O Kichererbsen	I Weintraube
Blätter	O Linsen	I Orange

I Zitrone
I Pfirsich
I Himbeere
I Zwetschgen
□ Hawaiiananas

Nüsse
✳ Mandeln
✳ Cashewnüsse
I Walnüsse
I Haselnüsse
□ Erdnüsse

Samen
✳ Kürbiskerne
✳ Sesam
✳ Sonnenblumen-
  kerne

Sonstiges
✳ Reismalz
✳ Gerstenmalz
✳ Honig
I Ahornsirup (bes-
  ser als Honig)
I Gewürze
✳ Tahini
I Margarine
✳ Apfelmus
□ Marmelade
□ brauner Zucker
□ weißer Zucker
□ roher Rohr-
  zucker
□ Essig
□ chem. Zucker
□ Fruchtzucker
□ Saccharin
□ Schmalz

Getränke
○ Banchatee
○ Getreidekaffee
○ Löwenzahn-
  kaffee
✳ Mutee
I Pfefferminztee
I Mineralwasser
I Lindenblütentee
I Kamillentee
I Vitamin C-Tee
□ Kaffee
□ gefärbte Tees
□ chem. Getränke
  (wie z.b. Alm-
  dudler)
□ Cola
□ Soda
□ Wodka
□ Whisky
□ Branntwein
✳ Bier
I Wein
I Sekt
I Fruchtsaft
I Karottensaft
I Gemüsesaft

Milchprodukte
□ Butter
□ Camembert
I Edamer
I Quark
I Yoghurt
I Schimmelkäse
I Emmentaler
I Ziegenmilch
I Ziegenkäse
I Milch

Fisch
✳ nach einiger
  Zeit, z.B. 1 Jahr,
I reduzieren bis

Fleisch
I nur als Brücke
  zu verwenden,
  weil der Körper
  diese Nahrung
  gewohnt ist
□ alle künstlich
  hergestellten
  und chemisch
  bearbeiteten Le-
  bensmittel

Pickles
○ in Reiskleie,
  Weizenkleie,
  Miso, Rettich,
  Karotte, Kraut
  weiß
✳ Chinakohl,
  Blumenkohl
I Gurke usw. ein-
  gelegt in Essig
□ Essiggurke

65

Empfehlungen für die 4 Jahreszeiten I

Frühjahr	Sommer
Getreide: Bulgur; bei warmer Witterung siehe Getreide Sommer, bei kühler siehe Getreide Winter	Getreide: Mais, Weizen, Gerste, Grieß, Polenta, Langkornreis, Süßreis, Nudeln, Bulgur
Gemüse: Frühjahrsgemüse wie: Löwenzahn, Brennessel, Bärlauch, Spinat, Porree, Petersilie, Schnittlauch, Schalotten, Jungzwiebel, Sauerampfer, Huflattich, Kresse auch: Möhren, Sellerie, Zwiebel ...	Gemüse und Obst: Blumenkohl, Salate, Mangold, Gurken, Rettich und Blätter, Radieschen, Zucchini, Fisolen, Paprika, Zwiebel, Porree, Petersilie, Jungkarotten, Kohlrabi, Kresse; Beerenobst, Kirschen, Melonen, Pfirsich, Marillen, Weichsel
Spezialitäten und Obst: bei warmer Witterung siehe Spezialitäten Sommer, bei kühler siehe Spezialitäten Winter	Spezialitäten: Sojanaise, Seitan, Tofu, Tempeh, leichte Pickles, Miso, Algen-Salate, Ingwer, Curry, scharfer Paprika, Senf
Zubereitungsart: bei warmer Witterung siehe Zubereitungsart Sommer, bei kühler siehe Zubereitungsart Winter	Zubereitungsart: Salate mit Umeboshi- oder Reisessig; Sommergemüse-(suppe) kurz gedünstet, Reissuppe flüssiger, kurz gekocht (über Nacht zugedeckt), ev. mit Zusatz von Weizen oder Gerste, bzw. Weizen- oder Gerstensuppe

Empfehlungen für die 4 Jahreszeiten II

Winter	Herbst
Getreide: Buchweizen, Hirse, Rundkornreis, Hafer, Süßreis, weniger Nudeln (bevorzugt Buchweizennudeln)	Getreide: Bulgur; bei warmer Witterung siehe Getreide Sommer, bei kühler Witterung siehe Getreide Winter
Gemüse und Obst: Wurzeln aller Art, Hülsenfrüchte, Kraut, Kohl, Kohlsprossen, Lagergemüse wie Kürbis, Endiviensalat, Chinakohl, Kohlrüben, Rettich, Zwiebel, Schwarzwurzeln, Trockengemüse Obst wie im Herbst – nur seltener.	Gemüse und Obst: Herbstgemüse wie: Möhren, Hülsenfrüchte, Kürbis, Karfiol, Rettich, Kohlrabi, Sellerie, Petersilienwurzel, Rüben, Zwiebel, Erbsen, Kastanien, Kresse; Äpfel, Birnen, Trauben, Pflaumen
Spezialitäten: Pickles, Kuzu, Pfeilwurzelmehl, Tamari, Seitan, Mochi, Miso, Algen	Spezialitäten: bei warmer Witterung siehe Spezialitäten Sommer, bei kühler siehe Spezialitäten Winter
Zubereitungsart: Getreide trockenperlig gekocht, Wintergemüse(suppe) lange gekocht, ev. mit Mochi angereichert, Reissuppe lange gekocht, Haferflocken als Müsli	Zubereitungsart: bei warmer Witterung siehe Zubereitungsart Sommer, bei kühler siehe Zubereitungsart Winter

Bevor wir uns in das Abenteuer der vielen folgenden Rezepte stürzen, noch einige praktische Anregungen:
Eine gut ausgerüstete Küche bringt Erfolg beim Kochen. Nachdem Sie alle Nahrung und Zutaten sorgfältig ausgewählt haben, machen Sie dasselbe mit Geschirr und Küchengeräten: zum Beispiel ein feines Sieb zum Waschen von Getreide, Bohnen und Samen; eine Naturborstenbürste (Tawashi) zum Bürsten von Wurzelgemüse; 1 bis 2 dicke Schneidbretter, ein gutes Messer (Hocho) zum Schneiden von Gemüse, eine Tonreibeschüssel mit Holzstößel (Swibachi) zum Zerreiben von Samen und zum Pürieren von Bohnen, eine Porzellanreibe (kein Metall) zum Reiben von Rettich und Ingwer etc.

Zum Kochen von Getreide eignen sich am besten Tontöpfe, aber auch emaillierte Gußeisentöpfe oder normales Emailgeschirr, welches dann aber besser aus dickerem und schwererem Metall bestehen sollte.

Ein emaillierter Druckkochtopf sollte auch nicht fehlen, ebenso ein oder zwei Gußeisenstielpfannen zum Anbraten von Gemüse und trockenem Rösten von Samen etc. und ein großer Suppentopf für Suppen und Nudeln. Ein Wok (chinesische Kochpfanne) macht das Kochen zum Vergnügen!

Nun vervollständigen wir unseren Bedarf an Arbeitsgeräten noch durch ein Bambus- oder Metallsieb zum Abseihen von Nudeln; Holzkochlöffel, einige Reispaddels zum Kochen und Anrichten von Getreide, Kochstäbchen zum Umrühren von Gemüse und anderen Gerichten sind sehr praktisch. Eine Salatpresse eignet sich gut für selbstgemachte Pickles, und als Spezialkochgeschirr ein Bambusdämpfer.

Der Wareneinkauf für Anfänger
(in einem gut sortierten Naturkostladen)

Vollkornreis
Vollweizennudeln
Sojasauce (Shoyu oder Tamari)
Misopaste (am besten biologisches Gerstenmiso)
1 Glas Umeboshi-Aprikosen
1 mal Takuan-Rettichpickle

je 1 mal Algen (Kombu, Wakame, Arame, Nori, Hiziki)
1 Kilogramm Meersalz, fein
1 mal Bancha-Tee
1 mal Yannoh-Getreidekaffee
1 Päckchen Kuzu (oder Pfeilwurzelmehl)

Weiten Sie dann Ihr Sortiment den Rezepten entsprechend nach und nach aus. Gute Qualität hat ihren Preis, und es bedeutet eine größere Ausgabe, alle Spezialitäten auf einmal anzuschaffen.

Was wir beim Kochen beachten sollten:

Ordnung und Sauberkeit sind beim Kochen unabdingbar. Die Küche sollte hell und freundlich sein. Mit Pfannen, Töpfen und Geschirr achtsam und respektvoll umzugehen, ist ein weiterer entscheidender Punkt. Alle Haushaltsgegenstände oft und gründlich reinigen trägt auch zu einem klaren Essen bei.

Zubereitung:
Gemüse sollte in kaltem Wasser mit einer Naturborstenbürste gereinigt werden und zwar so, daß nichts bricht oder zerstört wird. hartnäckige Flecken und unschöne Stellen mit der Messerspitze entfernen. Die Art des Schneidens hängt vom Gericht ab, welches man zubereiten möchte (siehe später im Kapitel Kochberatung).
Schneidbrett und Messer sollten nach dem Schneiden jeder einzelnen Gemüseart jeweils gereinigt werden, so daß jedes Gemüse seinen eigenen Charakter behält.

Anrichten und Servieren:
Es ist wichtig, daß die Gerichte sorgfältig und klar angerichtet werden. Ein optisch ansprechend und liebevoll arrangiertes Essen schmeckt auch besser.
Richtig Kochen heißt auch den Tisch sauber herzurichten und das Gemüse sorgfältig zu waschen und zu schneiden. Mit dem Kopf immer bei der Sache sein, welche man gerade tut. Man ißt alles mit, da es ja in das Essen hineingegeben wurde.

Erklärung zu den Tabellen

Die von Wissenschaftlern angegebenen Mindestbedarfswerte für Vitamine und Mineralstoffe sind zumeist vage und häufig zu hoch angesetzt. Dabei erfolgt zum Beispiel keine Unterteilung in Raucher und Nichtraucher, obwohl Raucher einen höheren Vitaminbedarf haben.

Diese Bemessungswerte sind für Personen errechnet, zu deren Grundnahrungsmitteln sowohl Fleisch als auch Zucker gehören.

Zucker ist mittlerweile allgemein als Vitamin B-Räuber bekannt, und der Zusammenhang mit Knochenschwäche (unter anderem Zahnverfall) gilt als nachgewiesen. Zucker darf sogar (laut Gerichtsurteil) als Schadstoff bezeichnet werden (Hamburg 1986).

Für den normalen Stoffwechsel ist eine starke und lebendige Bakterienflora im Darm notwendig. Beim Konsum von Fleisch, Zucker und raffinierten oder konservierten Nahrungsmitteln wird diese Bakterienflora dezimiert und verändert. Die wenigsten Menschen haben ein gesundes Verdauungssystem. Also ist auch die Nahrungsverwertung dementsprechend gestört. Aus diesem Grund ist es auch wichtig, daß man eventuell auftretenden Umstellungsproblemen mit Geduld und Vertrauen begegnet.

Die angeführten Tabellen dienen dazu, folgende - oftmals zu hörende - Vorurteile zu widerlegen:
- In der Makrobiotik leide man unter Vitaminmangel.
- Es werde zu wenig Kalzium aufgenommen.
- Pflanzliches Eiweiß sei unzureichend und extrem minderwertig.

Vorurteile, die beim Studium der Tabellen widerlegt werden.

Sie sollten jedoch einige Punkte unbedingt beachten, wenn Sie sich für eine makrobiotische Ernährung entschieden haben:
- Nehmen Sie täglich etwas Meeresgemüse, Miso und/oder Sesam (als Saat, Tahin-Paste oder Gomasio) zu sich
- der tägliche Vollgetreideanteil ist unentbehrlich
- tägliches Verwenden von Blatt-und Wurzelgemüse
- Zucker, Honig und rohes Obst (speziell Südfrüchte) sind zu meiden. Nachtschattengewächse wie Kartoffel, Tomaten etc. ebenfalls.
- als Süßmittel Vollreismalz und Gerstenmalz verwenden (auch Rosinen)

- Weißmehl und Weißmehlprodukte meiden , stattdessen Vollkornbrot (mit Sauerteig) und Vollkornnudeln verwenden
- die Sojabohne wird nicht, wie Hülsenfrüchte, gekocht verwendet, sondern verarbeitet in Produkten wie Tofu, Tempeh, Miso, Sojamehl, Sojamilch, Sojasaucen
- Sojafleisch wird nicht verwendet, da dieses Produkt aus dem chemisch entfetteten Sojamehl hergestellt wird und danach durch ein „Eiweißfasersprüh- und spritzverfahren" zu „Fleisch" gemacht wird. Als empfehlenswerte Alternative dazu gibt es Weizenfleisch, Seitan genannt.

Abschließend soll noch gesagt sein, daß die Tabellen darstellen sollen, daß die makrobiotische Standardernährung keine Mangeldiät ist.

Der wirkliche Wert der Pflanzen für unser Leben ist jedoch nicht in Nährstoffen und Vitaminen meßbar.

Das Wunder des Lebens ist viel zu groß, als daß es in Büchern oder Worten ausgedrückt werden könnte.

Wir bitten noch darum, alle von uns gemachten Aussagen durch eigene praktische Erfahrung in ein persönliches, lebendiges Wissen umzuwandeln.

Kochberatung

Wärmequellen, Kochgefäße und Wasser

Es ist nicht nur wichtig, was wir kochen, sondern mit welcher Energie und in welchem Geschirr. Keine Aluminiumgeräte verwenden! Am besten sind Tontöpfe, Gußeisentöpfe und Emaillepfannen. Je nachdem, was wir kochen, sollten wir Töpfe verwenden, die die Hitze länger oder kürzer halten.

Mit Holzfeuer zu kochen, wäre die beste Energie. Das läßt sich heute jedoch schwer durchführen, wenn man in der Stadt wohnt. Wenn man die Wahl hat, sollte man einen Gas- anstatt eines Elektroherds verwenden. Elektrische Hitze hat im Gegensatz zur „Flammenhitze" zerstreuende Energie. Mikrowellenherde sind auf jeden Fall zu meiden!

Alle diese neuen, starken Energieverbraucher sind nicht empfehlenswert. Auch das Kälteschock-Einfrieren von Nahrungsmit-

teln ist nicht ratsam. Dabei wird die Kristallstruktur der Nahrungsmittel verändert und außerdem erlebt keine Pflanze in ihrer natürlichen Umgebung solche extreme Temperatureinflüsse (bzw.
kann sie ohne Schaden überleben).

a) Wärmequellen, Kochgefäße und Wasser

In diesem Zusammenhang hat Rudolf Hauschka (ein bekannter
Anthroposoph) Versuche angestellt. Er brachte destilliertes Wasser auf verschiedenen Arten von Hitzespendern und später auch
in verschiedenen Arten von Töpfen zum Kochen. Danach füllte er
die einzelnen „Wassersorten" in Porzellanschalen und legte auf
die Wasseroberfläche Weizenkörner, die auch bald zu keimen be-
gannen. Es bildeten sich kleine Wurzeln (nach unten tendierend),
um die Standfähigkeit zu sichern und auch kleine Blättchen wuch-
sen heran, um der Energieversorgung (durch die Sonne) zu dienen. Nach 10 Tagen wurden die verschiedenen Wuchsgrößen ge-
messen und ihr arithmetisches Mittel gezogen. Es kamen folgende Ergebnisse zutage:

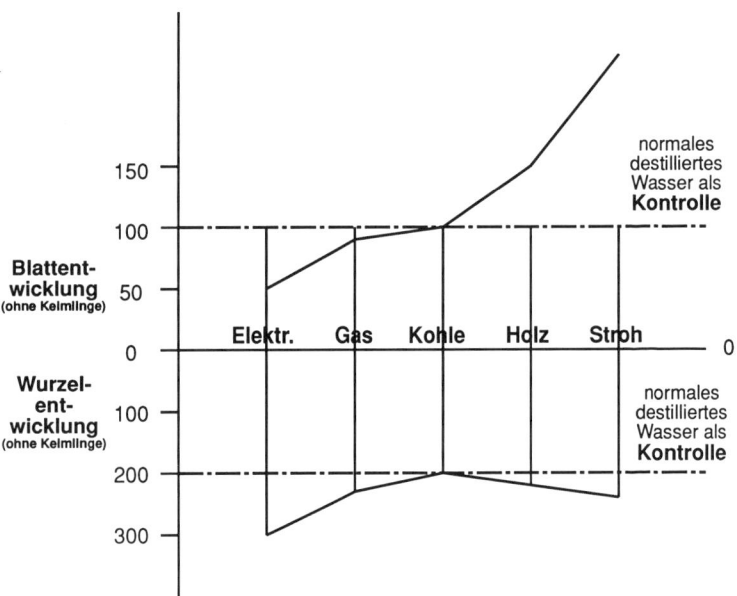

72

Die Wirkung verschiedener Wärmequellen auf keimenden Weizen. Nach Rudolf Hauschka: „Ernährungslehre", Vittorio Klostermann Verlag, Frankfurt/Main 1982, S. 188

Wie man eindeutig sehen kann, ergibt Elektrizität die niedrigsten Wachstumswerte, während Holz- und Strohfeuer die ursprüngliche Qualität sogar noch verbessern.

In bezug auf die **verschiedenen** Töpfe ergab sich:

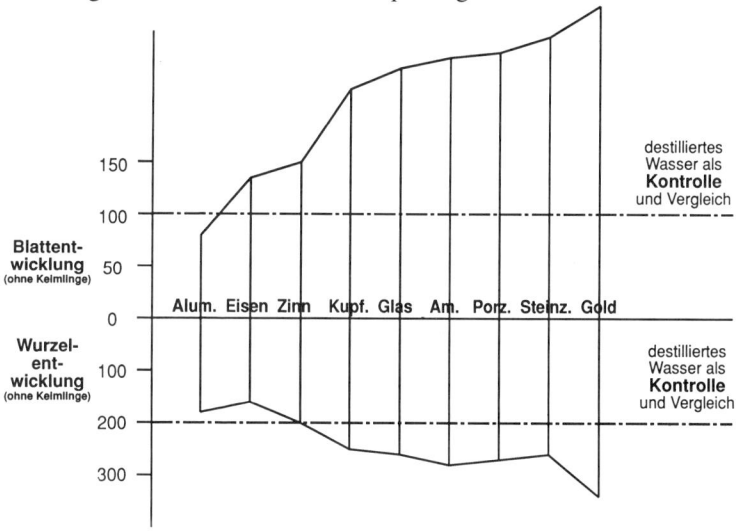

Die Wirkung von verschiedenen Kochtopfmaterialien auf keimenden Weizen. Nach Rudolf Hauschka „Ernährungslehre" S. 191, Vittorio Klostermann Verlag, Frankfurt/Main 1982.

Wir sehen daran, wie wichtig die richtige Auswahl des Materials unseres Kochgeschirrs ist und auch, daß Kochen nicht unbedingt ein zerstörerischer Vorgang sein muß. Es kommt nur auf einige grundlegende Faktoren an:

1.) Die Art des Feuers
2.) Die Qualität der Kochtöpfe
3.) Die Kraft der zubereiteten Nahrungsmittel

Wasser ist das für uns wichtigste, aber am wenigsten beachtete, grobstoffliche Nahrungsmittel!

Das Trinkwasser aus der Leitung ist oft schon mehr Chemie als Wasser. Wir empfehlen daher, wenigstens für die Getränke - aus tiefen Quellen gezogenes, natriumarmes, kohlensäurefreies Mineralwasser zu verwenden.

Erwähnenswert ist auch noch, daß das Umrühren mit Holzlöffeln die Qualität des Wassers stark verbessert, wie Rudolf Hauschka in seinem Buch weiter anführt. Metallische Löffel sind also weder beim Kochen noch beim Essen wirkungsvoll. Besser sind Materialien wie Holz, Porzellan, Bambus etc.

Tips für das Kochen

Bevor wir mit dem Kochen beginnen, sollten wir ganz genau wissen, was wir kochen wollen und alle notwendigen Zutaten bereit halten; Salz, Öl etc. in Griffweite, das Gemüse gewaschen etc.

Vor allem Geduld ist wichtig.

Überlegen Sie auch, welches Gericht am längsten dauert, was nicht lange stehen darf und systematisch gehen wir vor. Während das Getreide kocht, schneiden wir das Gemüse, lassen die Algen kochen, denn die können vor dem Servieren noch kurz gewärmt werden etc.

Wenn wir in Zeitnot sind oder uns abgespannt und gehetzt fühlen, dann kochen wir am besten ein Gericht, das nicht nur schnell geht, sondern eines das wir auch gerne kochen, und bei dem wir uns sicher fühlen. Wir sollten nie versuchen, etwas ausgefallenes, schwieriges anzugehen, wenn wir keine Freude dazu verspüren. Viel besser schmeckt ein einfaches, gut gekochtes Essen als ein vielfältiges, nicht in Ruhe gekochtes. Wir wissen ja nun auch, daß unsere persönlichen Energien, unser Zustand auch Einfluß auf das Essen haben. Die Asiaten sagen nicht zu Unrecht, daß der Koch des Hauses die wichtigste Person ist. Er macht die Familie froh oder traurig, passiv oder aktiv. Bemühen wir uns auch immer die Mahlzeiten schön anzurichten. Bei der Wahl der Gemüse schauen wir auch auf die Farbe. Wir essen nämlich nicht nur mit dem Mund, sondern auch mit den Augen. Jede Mahlzeit sollte nicht nur die Balance für unseren Körper, sondern auch ein harmonisches, erfreuliches Bild darstellen.

Getreidezubereitung

Tontöpfe, emaillierte- und Gußeisentöpfe eignen sich am besten für das Kochen von Getreide. Getreide ist unsere Hauptnahrung und es ist wichtig, es gut zu kochen! Die Mühe lohnt sich.

Jedes Getreide wird vor dem Kochen gut mit kaltem Wasser gewaschen. Je nach Getreidesorte, Topfart und Hitze verwendet man 1 bis 3 mal soviel Wasser. Eine Prise Meersalz gehört immer dazu.

Zugedeckt bringt man das Getreide zum Kochen und läßt es bei mittlerer Hitze, zugedeckt oder nur leicht offen solange weiterköcheln, bis das Getreide gar ist, und das Wasser verkocht. Weizen braucht sehr viel länger. Reis ungefähr 30 bis 45 Minuten.

Genaue Wassermenge und Kochzeit muß jeder für sich herausfinden.

Hier das Beispiel eines Experiments: Vier junge Leute haben dieselbe Menge Reis in derselben Menge Wasser, im gleichen Topf auf gleicher Hitze gekocht. Jeder Reis wurde anders. Von zu hart, zu weich bis richtig. Warum? Weil alles zum Kochen beiträgt, der körperliche Zustand, die Gefühle, einfach jede Kleinigkeit wird miteingerechnet und mitverarbeitet. Wenn man das Getreide im Drucktopf kocht, braucht man weniger Wasser, und weniger Zeit. Je länger man ihn kocht umso mehr wird er „yang". Im Winter ist das zu empfehlen, an heißen Sommertagen aber nicht, und auch nicht, wenn man sehr angespannt und nervös ist.

Wenn man das genaue Maß noch nicht im Griff hat, dann kocht man das Getreide lieber zu weich, als zu hart. Der Magen wird dafür dankbar sein. Er wird, wenn man bis jetzt keine Vollwertnahrung gegessen hat, sowieso sehr stark beansprucht werden.

Reisokayu (Reissuppe)

Eine Kochart von Reis, die man unbedingt lernen muß. Reisokayu ist nicht nur für das Frühstück sehr geeignet, sondern auch für Leute, die keinen großen Appetit verspüren.

Den gewaschenen Reis mit 7 bis 10 mal mehr Wasser und einer Prise Meersalz aufkochen lassen und ruhig, ohne umzurühren 1 1/2 bis 2 Stunden kochen lassen. Hier ist ein dicker Topf von größter Wichtigkeit. Man kann den Reis auch am Vorabend aufkochen lassen und ihn über Nacht in einem Tuch eingewickelt stehen lassen. Am Morgen kocht man ihn dann, je nachdem, wie cremig man ihn mag, unter ständigem Umrühren 15 bis 30 Minuten.

Gemüse

Schneidetechnik

Nachdem wir uns schon ein wenig Gedanken gemacht haben, daß alles wirklich Energie ist, und daß wir diese ständig ändern können, werden wir uns nicht mehr wundern, daß es hier ein eigenes Kapitel über das Schneiden von Gemüsen gibt. Genauso wie wir die Energien durch das Kochen verändern, ändern wir den ursprünglichen Energiewert des Gemüses durch das Schneiden.

Je kleiner wir ein Gemüse zerschneiden um so mehr teilen wir die ursprüngliche Einheit, dehnen sie aus (zum Beispiel die Oberfläche); das nennt man „Yinnisieren". (Vergleiche: gemahlenes Getreide - ganzes Getreide).

Wir haben nicht immer die Möglichkeit, gerade das Gemüse zu kochen, das wir im Monent für richtig empfinden. Durch das Schneiden, beziehungsweise Nichtschneiden, können wir ein Yanggemüse yinnisieren beziehungsweise ein eher Yingemüse (indem wir es ganz kochen) nicht noch mehr yin machen.

Wenn man schneidet, dann bitte nicht „zerschneiden". Schneiden Sie den natürlichen Fasern des Gemüses entlang. Bei langen Gemüsen (Karotten, Rettich, Lauch etc.) diagonal schneiden. So

erhält man mehr Yin und Yang in Harmonie.
Das Schneiden ist ein genauso wichtiger Teil des Kochens wie
das Kochen selbst. All das sind an sich Kleinigkeiten, aber zusammen von großer Bedeutung!

Diagonal schneiden bedeutet:
Jedes einzelne Gemüsestück
enthält **sowohl** etwas vom oberen,
mittleren und unteren Teil der Pflanze.

Somit ist
jedes einzelne
Stück ausgeglichen
(in Harmonie).

Quer schneiden hingegen:
Das einzelne Gemüsestück stammt jeweils
nur vom oberen, mittleren oder unteren Teil
des Ganzen.

Meersalz und Sojasaucen

Bei jedem Kochen sollte etwas Meersalz verwendet werden. Als
Ausnahme gelten Hülsenfrüchte, da sie sonst nicht gar werden.
Auch für Süßigkeiten und Früchte verwendet man Salz. Probieren
Sie es aus: Äpfel zu dünsten mit einer Prise Meersalz und ohne.
Diejenigen mit Salz werden süßer schmecken, nicht salzig.
Meersalz reinigt. Eine kleine Prise Salz hilft also oft, gewisse Gifte
und Unreinheiten in den Eßwaren zu balancieren. Also nicht nur
wegen des Geschmacks, sondern vor allem unserer Gesundheit
zuliebe sollten wir mit Meersalz würzen.
Sojasauce (Tamari und Shoyu) ist eine sehr gesunde und schmackhafte Würze (siehe milchsaure Produkte). Aber nicht alles mit
Sojasauce würzen und immer erst zum Schluß beigeben, um die
„lebendigen Werte" zu erhalten.

Verschiedene Schneidearten

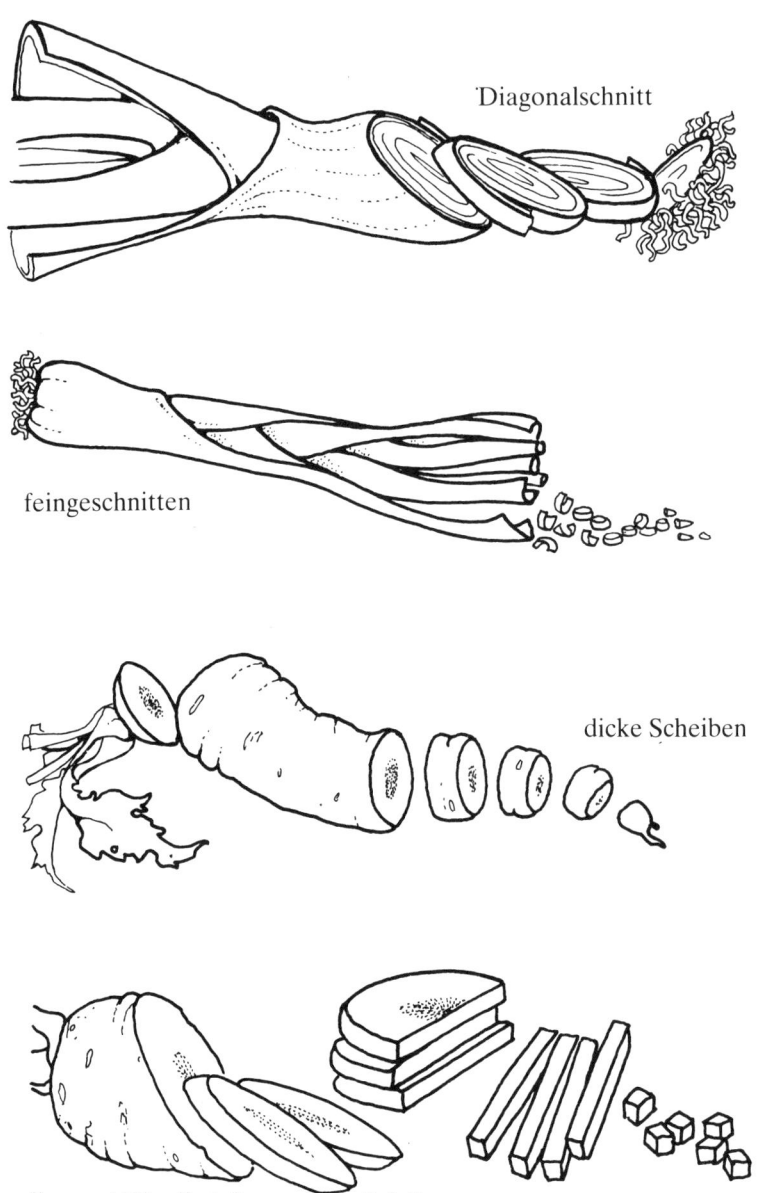

Diagonalschnitt

feingeschnitten

dicke Scheiben

diagonal Zündholzform feinwürfelig

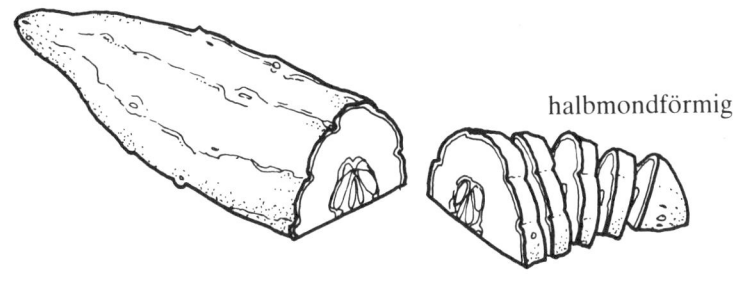

halbmondförmig

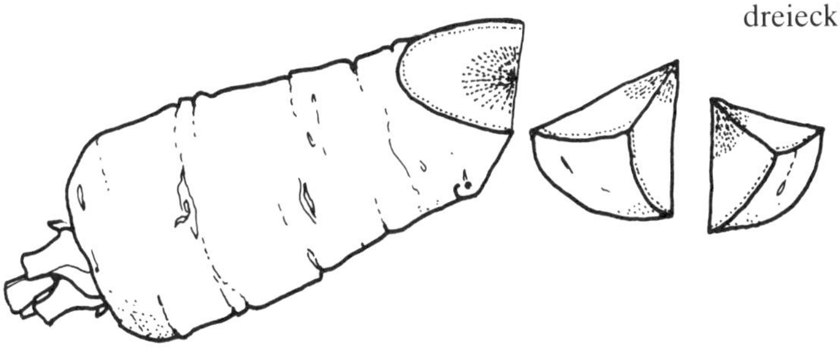

dreieckig

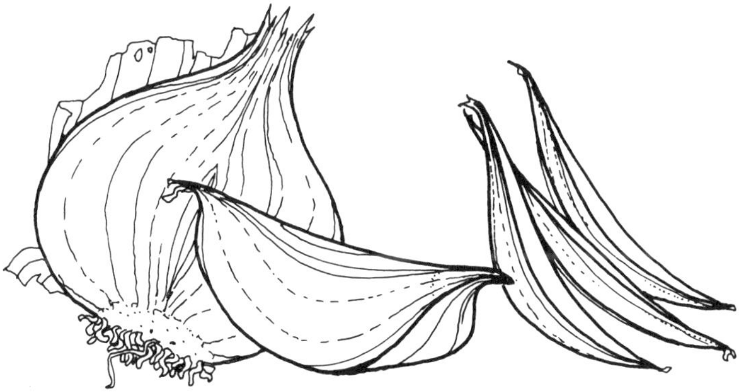

Zwiebelhalbmonde

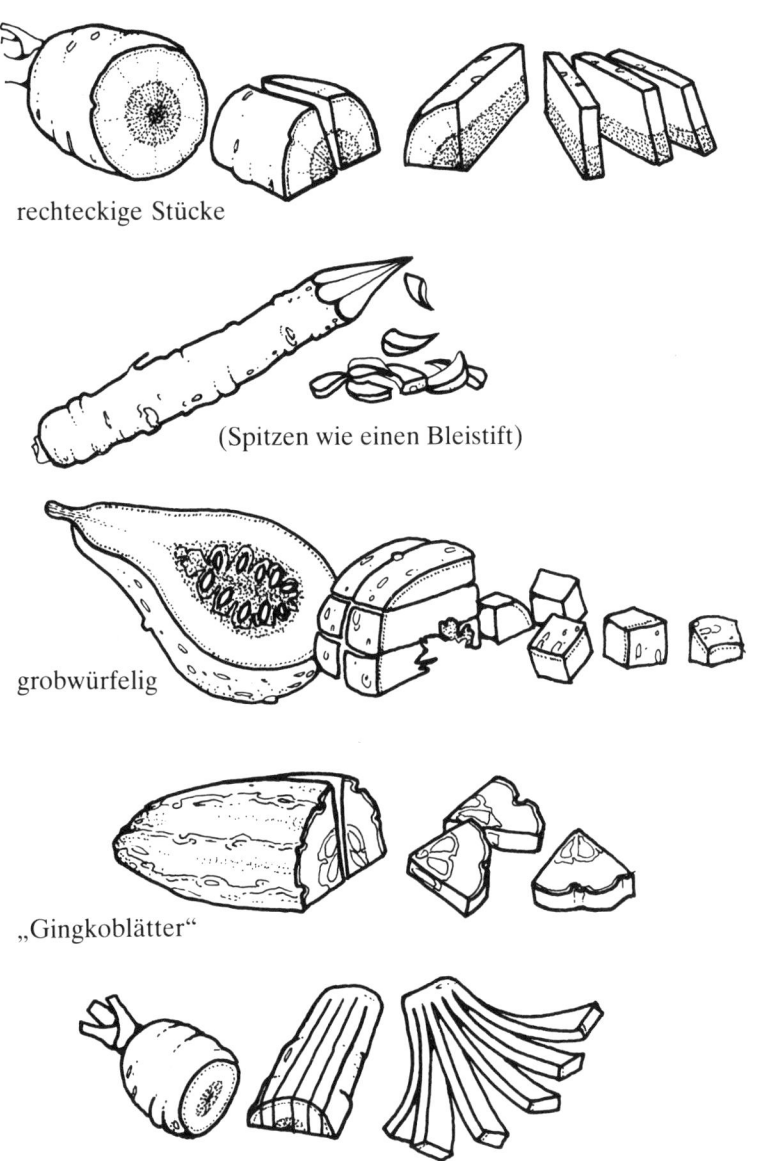

rechteckige Stücke

(Spitzen wie einen Bleistift)

grobwürfelig

„Gingkoblätter"

Dekorationsstücke: Zum fächer-
artigen Auflösen in eiskaltes
Wasser legen

Teigwaren

Teigwaren sollen immer in genügend Wasser gekocht werden. Will man die Nudeln nachher zum Braten verwenden, dann dürfen sie noch leicht „resch" sein. Das Nudelwasser nicht wegschütten, sondern weiterverwenden als Grundlage für Puddings und Cremes oder zum Brotbacken.

Die verschiedenen Zubereitungsarten von Gemüse

Braten

Immer nur wenig Öl verwenden. Damit das Gemüse nicht anbrennt, das Öl auf mittlerer Flamme langsam erhitzen und nicht allzu heiß werden lassen. Das Gemüse soll aber brutzeln, wenn es dazu kommt. Nun geben wir sofort etwas Meersalz dazu und rühren um. Das Meersalz zieht das Wasser aus dem Gemüse. Auf kleiner Flamme mit geschlossenem Deckel können wir somit das Gemüse im eigenen Saft gar werden lassen, ohne Wasser hinzuzugeben. Erst zum Schluß würzen.

Durch diese Art von Braten wird der Eigengeschmack vom Gemüse viel stärker herausgehoben und weniger Vitamine und Mineralien gehen verloren. Es ist wunderbar, wie süß zum Beispiel eine Karotte oder eine Zwiebel schmecken können. Wir brauchen Geduld und Aufmerksamkeit, um diese Technik erfolgreich zu beherrschen.

Das heißt nicht, daß alle Gemüse gebraten werden und Wasser verwendet wird. Es gibt verschiedene Rezepte, bei denen sehr wohl mit Wasser aufgegossen wird, jedoch in kleinen Mengen.

Fritieren

Es ist eine Kunst, gut fritieren zu können und dabei knusprige und trockene Gerichte zuzubereiten. Wir benötigen dazu gutes, nicht zu schweres Öl, also Sonnenblumen- oder Maisöl. Die Pfanne sollte tief sein, damit das Fritiergut darin schwimmen kann. Auf mittlerer Hitze erwärmen wir das Öl. Es muß heiß sein, darf aber nicht rauchen. Wenn das Öl nicht heiß genug ist, wird das Fritiergut zu ölig.

Falls es doch zu heiß wird, nehmen wir es zum Auskühlen kurze Zeit vom Feuer.
Während des Fritierens kann man das Öl mit einem Bratsieb von Überresten reinigen. Die fertig fritierten Speisen sofort auf Küchenpapier geben und abtropfen lassen.
Das Öl offen stehen und auskühlen lassen. In einen Behälter umfüllen und dabei durchsieben. Ein Stück Umeboshi dazugegeben, hält das Öl sauber. So kann man das Öl aufbewahren bis zum nächstenmal. Es läßt sich 3 bis 4 mal verwenden, dann erneuern.

Braten mit dem Wok

Der Wok ist eines der Küchengeräte der Chinesen und gewinnt auch in unseren Küchen immer mehr an Bedeutung. Es ist dies eine Pfanne (Edelstahl oder Gußeisen) mit einem runden Boden. Es gibt davon für Gas und Elektroherd verschiedene Modelle. Zum Wokbraten benötigt man zwei Holzspateln oder –löffel. Das Öl darin heiß werden lassen und kurz bevor es anfängt zu rauchen, das geschnittene Gemüse hineingeben. Sofort etwas Meersalz dazugeben und das Gemüse unter ständigem Drehen und Wenden mit den beiden Holzlöffeln gar werden lassen. Es wird dabei weich, ohne verkocht zu sein. Sehr gut kann man darin auch Gemüse mit gekochten Nudeln oder Getreide abbraten.

Dämpfen

Zum Dämpfen eignen sich spezielle Bambusdämpfer oder Dämpfeinsätze aus Edelstahl. Dies ist eine schmackhafte Zubereitungsart für heiße Tage, die für den Winter weniger zu empfehlen ist.
Neben Gemüse lassen sich auch Brot und Getreide herrlich dämpfen.

Entsteht beim Kochen eine Wertminderung?

Die Nahrung sollte immer frisch zubereitet und baldigst verzehrt werden. Das entscheidende ist nämlich nicht das Kochen, sondern wieviel Zeit zwischen Ernte und Verzehr der Nahrung liegt.

Ein Wiederaufwärmen der Speisen hat einen gewissen Wertverlust zur Folge. Deshalb sollten Sie versuchen, die Menge der zuzubereitenden Speisen möglichst genau zu kalkulieren. Wenn Reste bleiben, kann man sie selbstverständlich in einem der folgenden Menüs verarbeiten.

Hier nun zwei Tabellen, die aufzeigen, daß nicht alle Vitamine beim Erhitzen verlorengehen, und daß zubereitete Nahrung baldigst verzehrt werden sollte.

Vitaminverluste in bezug auf die Ausgangswerte der rohen Gemüse

Art des Garens:	Vitamin B$_1$, Verluste in %			Vitamin C, Verluste in %		
	Kochen mit viel Wasser	Dampf-druck-topf	Dünsten mit wenig Wasser	Kochen mit viel Wasser	Dampf-druck-topf	Dünsten mit wenig Wasser
Spinat	59	33	18	66	35	18
Wirsing	66	35	27	26	20	9
Blumenkohl	46	26	19	35	23	7
Rosenkohl	30	18	13	34	22	15
Sellerie	14	14	14	51	66	25

(entnommen aus Koerber, Männle, Leitzmann: Vollwerternährung, Homg-Verlag, Heidelberg 1986, S. 123)

Vitamin C-Verlust beim Warmhalten von gedünstetem Weißkohl und Wirsing

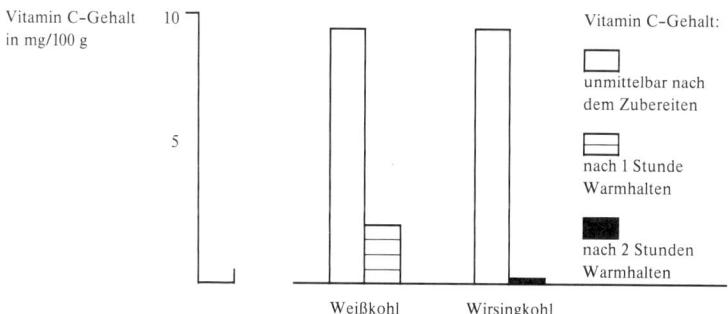

(entnommen aus Koerber, Männle, Leitzmann: Vollwerternährung, Homg-Verlag, Heidelberg 1986, S. 123)

Wie wir sehen, hat das Dünsten mit wenig Wasser die geringste „Wertminderung" zur Folge. Diese Zubereitungsart ist in der Makrobiotik die gebräuchlichste. Wissenswert ist hier, daß schon 15 Milligramm Vitamin C/d ausreichen, um das Auftreten von Skorbut zu verhindern. Wenn wir nun zum Beispiel Blumenkohl, der einen Vitamin C-Gehalt von circa 73 Milligramm (auf 100 Gramm) hat, betrachten, hat er danach noch immer einen Gehalt von 45 Milligramm Vitamin C/ 100 g (= abzüglich 35 % beim Kochen).

Betrachtungen und Ratschläge

Bedeutung der Mahlzeit

Haben wir uns schon jemals Gedanken über die Bedeutung der Mahlzeiten gemacht, ihren Sinn und Zweck, außer daß wir damit einfach unseren Hunger stillen (Falls wir nur dann essen, wenn wir Hunger haben)? Was sollen die jeweiligen Mahlzeiten bewirken?

Das Frühstück soll dem Körper helfen, nach der Nachtruhe ganz wach und aktiv zu werden. Machen wir das nicht mit einer Ohrfeige, sondern sanft und liebevoll. Deshalb weiche, nicht schwerverdauliche Sachen essen und zum Beleben eine Misosuppe oder Tee trinken. Auf Kaffee sollte verzichtet werden.

Falls wir Zeit und Ruhe haben, sollte das Mittagessen die Hauptmahlzeit sein, aber wir wissen, daß das heute oft nicht mehr möglich ist. Das Mittagessen sollte uns jedenfalls Kraft und Energie geben, die wir während des Vormittags verloren haben und genügend Kraft, um den Rest des Tages mühelos zu verbringen. Auch wenn wir viel essen, wird das meiste bis zum Abend verdaut und die Energie verbraucht sein (auch das Verdauen benötigt Energie!).

Das Abendessen soll uns nun erholen, ruhig machen und entspannen, physisch und psychisch, und unserem Körper nicht zusätzliche Arbeit auferlegen, damit er die Nachtzeit nutzen kann, um das zu tun, was notwendig ist, nämlich den Körper wieder aufzutanken für den nächsten Tag und Giftstoffe und Überschüsse auszuscheiden. Wenn er aber seine ganze Energie darauf verwenden muß, ein opulentes Mahl zu verdauen, kann er das nicht. Egal, was wir essen, drei Stunden vor dem Schlafengehen sollten wir nichts mehr zu uns nehmen.

Umstellungsprobleme

Beim Ändern jahrelanger Gewohnheiten kann es sein, daß der Körper zu rebellieren beginnt. Wie schnell und stark, kommt darauf an, wie genau wir die Anweisungen befolgen und welche Nahrung wir vorher verwendet haben. Also auf unseren körperlichen Zustand und wie wir dem Neuen gegenübertreten. Es kann sein, daß wir uns wunderbar fit und voller Energien fühlen oder schlapp und krank.

Durch diese Nahrung wird unser Körper gesäubert und beginnt, alten, unnötigen Ballast auszuscheiden. Es kann sein, daß Pickel im Gesicht auftauchen, übler Körpergeruch, Gelenkschmerzen, eine rinnende Nase und anderes mehr. Wenn die Beschwerden zu stark sind, sollten wir etwas langsamer weitermachen, aber gewisse Unannehmlichkeiten müssen wir schon auf uns nehmen. Glauben wir nicht, daß sich unser Körper schon in wenigen Monaten reinigt! Wir haben ihn auch nicht in wenigen Monaten auf den heutigen Zustand gebracht.

Durch die neue Nahrung wird der Säure/Basenhaushalt unseres Körpers umgestellt, was auch auf unsere Psyche großen Einfluß hat: Emotionen, Wünsche und Süchte kommen raus. Wir werden uns vielleicht des öfteren über uns selber und unsere Reaktionen wundern... Lassen wir uns nicht gedankenlos mittreiben, sondern beobachten wir uns genau, und seien wir ehrlich zu uns selbst!

Jahrelang Verdrängtes fordert Klärung, über Jahre angenommene Gewohnheiten passen nicht mehr, weil es uns nicht wirklich entspricht. Mit dieser Nahrung haben wir nicht einfach eine Diät begonnen, sondern eine Reise ins Unbekannte, zu uns selbst. Wenn wir uns nicht näher kennenlernen wollen, dann sollten wir damit besser gar nicht beginnen.

Gusto Kompensation

Jahrelange Gewohnheiten können selten mit einem Schlag ausradiert werden, auch wenn der Wille dazu da ist. Der Körper hat sich an etwas gewöhnt und braucht es nun. Er ist in gewissem Maße süchtig geworden. Wie sehr es der Körper verlangt oder unsere Einbildung, können nur wir selbst entscheiden. Wie viele Menschen essen Süßigkeiten, wenn Sie traurig, frustriert oder unzufrieden sind. Und es hilft für den Moment. Die Süße im Gaumen ist ein Ersatz für das Fehlen der Süße des Lebens und nicht mehr. Zucker, Milch, Cremes, schauen wir nur die Konsistenz an, machen passiv im Denken und müde. Die überreizten Nerven werden beruhigt. Aber es ist nur eine Scheinlösung, genauso wie das Einnehmen von Zucker bei großer Müdigkeit. Er putscht uns für eine Weile auf, um uns aber innerlich, auf Dauer gesehen, viele Energiereserven zu nehmen.

Da wir sicher, vor allem zu Beginn, Gelüste nach unserer gewohnten Nahrung haben werden, haben wir hier einige Ersatzlösungen aufgeschrieben. Wir werden oft erstaunt sein, wenn wir entdecken, daß das Bedürfnis nach Süßigkeiten sehr oft gar nicht mit Süßem gestillt werden kann, daß es eine Fehlinterpretation unseres Verstandes war, und daß der Körper einfach nach Yin (Entspannung) schrie, und zwar nach Gemüse oder auch nach unseren positiven Gedanken. Mit der Zeit lernt aber jeder die Bedürfnisse seines Körpers richtig zu verstehen.

Anstelle von Fleisch nimmt man Gluten. Zubereitet als Schnitzel, Braten, Gulasch etc. mit kräftigen Saucen, die man mit Miso würzen kann, haben schon so manchen „Fleischesser" zufriedengestellt.

Ein guter Ersatz für Käse ist Tempeh, angebraten, rausgebacken oder kühl mit etwas Brot und Senf schmeckt es wunderbar, man kann auch Miso-Tofu selber machen, der fast wie Käse schmeckt. Der einfachste Ersatz für Milch ist die Sojamilch. Aber man sollte sich nicht angewöhnen, täglich Sojamilch zu trinken, da sie sehr Yin (schwache Energie) ist und den Körper kühlt.

Die Alternative: eine flüssige Reisokayu kochen und das ganze im Mixer pürieren, dazu den Geschmack beimengen, den wir wollen, durch Zugabe von Früchten oder Yannoh-Kaffeersatz, Carob etc. Gut schmeckt auch Gerstenokayu gemixt!

In jedem Reformhaus finden wir genügend Ersatzstoffe für Zucker: Reismalz, Gerstenmalz, Birnendicksaft, Ahornsirup (angegeben in der Reihenfolgen ihres Wertes).

Aber wir sollten versuchen, sowenig wie möglich unseren Gelüsten zu folgen und uns an „einfachere" Geschmackssignale zu

gewöhnen. Wir werden bald herausfinden, daß dadurch unsere Geschmackssinne sensibilisiert werden und wir mit großer Freude die verschiedensten Geschmacksrichtungen empfinden und wahrnehmen können.
Zucker, Fleisch, Käse etc. sind sehr scharf und auch stumpf in ihrem Geschmack und töten unsere natürliche Sensibilität.

Kaffee – Zigaretten

Kaffee und Zigaretten gehören mit zu den bekanntesten Suchtmitteln, obwohl vieles andere, nicht so bekannte, ebenso zum Suchtmittel werden kann. Es gibt nur sehr wenige Raucher, die keinen Kaffee trinken, denn die beiden Suchtstoffe „ergänzen" sich. Beim Kaffeetrinken erweitern sich die Blutgefäße, während sie sich beim Rauchen zusammenziehen. Ein sehr anstrengendes Spiel für unseren Körper und auf die Dauer sehr schädlich.
Wir möchten hier in diesem Buch nicht die Schädlichkeit des Rauchens aufzeigen, sondern nur einen Trick zeigen, wie wir es uns, wenn wir wollen, erleichtern können, mit dem Rauchen aufzuhören. Wir sagen bewußt wollen, denn ohne Wollen geht es überhaupt nicht.
Mit dem makrobiotischen Essen, das viel weniger schwer ist, entsteht automatisch ein geringeres Bedürfnis nach Zigaretten. Versuchen wir aber mal zusätzlich anstatt Kaffee mehr Tee zu trinken, dann werden wir noch weniger Verlangen nach Zigaretten haben.

Einige Ratschläge bei Krankheiten

Falls wir Beschwerden haben, die nicht verschwinden, obwohl wir eine Zeitlang makrobiotisch gegessen haben oder, wenn wir eine spezifische Krankheit haben und keinen Arzt konsultieren wollen, sollte man in ein makrobiotisches Zentrum gehen und sich beraten lassen.
Jedes äußere Symptom kann seine Ursache in zuviel yin oder zuviel yang haben. Die Makrobiotik kennt sehr viele natürliche Heilmittel, aber falsch angewandt, können sie zum Teil sehr schädlich sein.
So ist man am besten immer vorsichtig. Ein fundierter ärztlicher

Rat kann einem manchmal helfen.
Michio Kushi hat folgendes Buch herausgegeben:
„Die makrobiotische Hausapotheke" – Nahrungsmittel in medizinischer Anwendung.
Dieses Buch ist hilfreich für die verschiedensten Beschwerden.
Viele Beschwerden vergehen aber schon durch eine gesunde Ernährung von selbst. Es kann passieren, daß am Anfang der Umstellung Fieber, Schnupfen, Kopfweh oder Gelenkschmerzen und Verdauungsstörungen auftreten. Man darf aber nicht vergessen, daß der Körper nun beansprucht wird, alten Ballast rauszuwerfen und die neue Nahrung zu verarbeiten lernt.

Warum kontrollierte biologische Produkte kaufen?

Wann immer wir die Möglichkeit haben, biologisch gewachsene Nahrungsmittel zu kaufen, dann sollten wir es tun; es lohnt sich. Vielleicht haben wir gehört oder denken selber, daß heutzutage mit Biowaren nur Unfug getrieben werde, daß es eine Geldmacherei sei, da unsere Böden und die Luft sowieso schon verseucht seien. Das mag stimmen, aber auch wenn die biologischen Nahrungsmittel nicht 100 prozentig „rein" sind, wurden ihnen keine zusätzlichen Chemikalien zugefügt. Das Wichtigste aber sind wieder die geringeren Energien. Daß biologischer Landbau weniger Energie als der industriell unterstützte verbraucht, versteht sich von selbst und wird nicht näher erläutert! Bioware wurde mit **einem anderen Bewußtsein** (Energie) angebaut als die übliche. Sie wurde angebaut und verarbeitet (mit dem Bewußtsein), dem menschlichen Körper und **seinem Geist** zu dienen und nicht mit der Absicht auf Menge und Profit. Dieselbe Art Blume gedeiht besser und schöner, wenn sie mit Liebe und Sorgfalt gepflegt wird.
Wir kommen immer wieder auf den Einfluß dieser unmeßbaren Energie zurück und wir sind überzeugt, daß dies ein Faktor ist, der heute zum großen Teil vernachlässigt wird, ein lebenswichtiger Faktor, dem wir viel mehr Beachtung schenken sollten, wenn wir wirklich unser Leben in die Hand nehmen wollen.
Wir können es glauben oder nicht. Wir können aber auch damit experimentieren und versuchen, es zu erleben.

Das Bevorzugen und Ablehnen gewisser Nahrungsmittel

Es gibt verschiedene Standpunkte, von denen unsere Nahrungsmittelauswahl abhängt.

1. Die mechanische, motorische Welt des Essens

Man ißt, ohne nachzudenken. Das einzige, was einen am Nahrungsmittel interessiert, ist der günstige Preis oder ein treffender Werbeslogan. Das Essen ist ein motorischer Ablauf, der oft auch aus Langeweile geschieht.

2. Die sinnliche, geschmacksorientierte Ebene

Personen auf dieser Stufe essen mit dem Gaumen, der Nase und den Augen. Es sind die Feinschmecker, die viel essen.

3. Die emotionale und sentimentale Ebene

Diese mischt sich oft mit der vorangegangenen. Man lehnt auch manchmal gewisse Speisen ab, weil man sich abgestoßen fühlt. Man liebt es aber, in „geselliger Runde" und mit „Stimmung" zu essen.

4. Der intellektuelle Ansatz

Dies ist der wissenschaftlich analytische Bereich. Hier wird über richtig und falsch, zuviel Vitamine und zu wenig Protein entschieden, bevor man die Nahrung konsumiert. Fast alle westlichen Diäten (zum Beispiel Vollwertkost, Rohkost...) fallen unter diese Betrachtung.

5. Das soziale, ökologische Bewußtsein

Man betrachtet hier die Welt mit offenen Augen und wählt aus politischen oder ökologischen Gesichtspunkten seine Nahrung aus. Wie zum Beispiel Kaffee aus speziellen Ländern. Der Fleischkonsum wird reduziert und biologisch gezogene Ware wird gekauft.

6. Die philosophische, religiöse oder ideologische Betrachtungsweise

Hier werden tiefere und feinere Überlegungen über die Welt, das Leben und unsere innere Harmonie angestellt. Die verschiedensten religiösen Diätvorschriften fallen unter diese Kategorie (zum Beispiel buddhistischer Vegetarismus,... auch Makrobiotik, jüdische Vorschriften oder christliche – Essener). Der Schritt, welcher hier oft fehlt, ist, die verschiedenen Dogmen oder Lehrsätze nicht als absolut zu betrachten, sie aber wirklich verstehen zu lernen.

7. Die freie, intuitiv dem Moment angepaßte Wahl unserer Nahrung
Diesen unabhängigen und ehrlichen Standpunkt zur Nahrung
und zum Leben erreichen nur wenige Menschen. Gesetze oder
Regeln gibt es nicht mehr, und jeder Augenblick, jede Situation
wird mit klaren, liebevollem Bewußtsein wahrgenommen. Dankbar und freudig begegnet man allem: der Sonne, dem Wind, dem
Regen, der Luft, der Erde und allen Wesen.

Yin und Yang

Die Yin-Yang Philosophie

Wir übernehmen die Ausdrücke Yin und Yang aus der chinesischen Philosophie. Yin ist zentrifugale Kraft, Yang ist zentripetale
Kraft. Das heißt: Yin produziert Ausdehnung, Yang Zusammenziehung.
Yin zieht Yang an, Yang zieht Yin an (wie Mann und Frau, +Pol
und -Pol).
Alle Dinge und Phänomene dieser Welt bestehen aus Yin und
Yang in verschiedenen Verhältnissen.
Nichts ist vollständig Yin beziehungsweise Yang.
Alles ist in ständigem Wechsel seiner Yin- und Yang-Verhältnisse.
Alles ist Yang im Zentrum und Yin an der Peripherie.
Yin stößt Yin ab. Yang stößt Yang ab.
Am äußeren Ende seiner Entwicklungsform produziert Yin Yang
und Yang Yin (wie auf den Tag die Nacht folgt und auf den Winter
der Frühling).
Alle Erscheinungsformen sind sich fortwährend wandelnde Energie.

Beispiele von Yin und Yang

Charakter	Yin	Yang
Tendenz	Ausdehnung	Zusammenziehung
Schwingung	kürzere Wellen	längere Wellen
	höhere Frequenz	niedere Frequenz
Richtung	vertikal, aufsteigend	horizontal, absteigend

Dimension	Raum	Zeit
Gewicht	leichter	schwerer
Temperatur	kälter	heisser
Licht	dunkler	heller
Farbe	violett-blau-grün-gelb	braun-orange-rot
Katalysator	Wasser	Feuer
Atomteilchen	Elektron	Proton
Elemente	N,O,K,P,Ca, etc.	H,C,Na,As,Mg,Cl, etc.
Funktion	Diffusion, Verbreitung	Fusion, Verschmelzung
	Auflösung, Trennung	Aufsaugung, Sammlung
Bewegung	inaktiver, langsamer	aktiver, schneller
Gestalt	ausgedehnter,	kompakter,
	zerbrechlicher,	stabiler,
	zarter	gröber
Form	länger	kürzer
Beschaffenheit	weicher	härter
Organstruktur	mehr hohl	mehr kompakt
	und ausgedehnter	und dichter
Verhalten	sanfter	aktiver, lebhafter
Arbeit	psychologisch, mental	physisch, sozial
Einstellung	negativ	positiv
Emotion	Depression	Agression
Chemie	Säure	Base
Konstruktion	Oberfläche	Inneres
Biologie	pflanzlich	tierisch
Geschlecht	weiblich	männlich
klimatischer Einfluß	tropisches Klima	kaltes Klima
Geschmack	süß, sauer, scharf	bitter, salzig
Vitamine	B_1, B_2, B_{12}, C	A, D, K, E, B_6
Umgebung	Schwingung $-$ Luft $-$	Wasser $-$ Erde
Klimatische Bedingungen	feuchter	trockener

Beispiele in der Anwendung

Bei der Beurteilung von Yin und Yang muß stets ein Bezugspunkt angegeben werden. Zum Beispiel: im Vergleich zu Getreide ist Obst yin.

91

Getreidefrucht	Obstfrucht

1. Größenrelation: im Vergleich zu Getreide ist Obst größer, mehr ausgedehnt – yin
2. Beschaffenheit: im Vergleich zu Obst ist Getreide mehr hart, also yang
3. chemisch: Obst enthält mehr Säure als Getreide, also ist es mehr yin. Obst enthält auch mehr Wasser als Getreide

Bei der Gegenüberstellung von Fleisch zu Getreide/Gemüse ist die Betrachtung etwas schwieriger, weil sich hier die Umwandlung von Getreide (in Form von Tierfutter) in Fleisch schon vollzogen hat. Die Pflanzen, die das Tier frißt, werden im Körper „verbrannt" (Yangisation) und die Energieträger in das Fleisch des Tieres mit eingebaut oder bei der Bewegung des Tieres verbraucht. Hier kommt also ein speziell tierischer Yang-Faktor mit ins Spiel. Während eine Pflanze stillsteht, bewegt sich ein Tier sehr viel, verbrennt mehr Energie und hat auch eine wärmere Körpertemperatur.

Zusammengefaßt:

	Pflanzen	Tiere
wichtigster Energielieferant	Sonnenlicht	Sauerstoff
Temperatur	kühl	warm
Bewegung	inaktiv	aktiv
Fleischfarbe	grün, gelb, orange, braun	hell bis dunkelrot
Gestalt	zart, zerbrechlich	grob, stark
Tendenz	zum Himmel (zur Sonne)	zur Erde (zum Futter)

Nach all diesen Betrachtungen ist Pflanzennahrung mehr yin als Fleischnahrung.

Diese beiden Beispiele zeigen, wie komplex die Betrachtungsweise von yin und yang bei allen Nahrungsmitteln ist.

Worauf es ankommt, ist dabei nicht, daß man weiß, welches Gemüse oder Getreide nun mehr yang ist oder nicht, sondern daß man bewußt die Wirkung der verschiedenen Nahrungsmittel studiert.

Veränderung gegebener Energien und Zustände

Viele Menschen träumen davon, frei zu sein, und viele leiden unter den Zwängen und dem Unabänderlichen dieser Welt und unserer Zivilisation. Wir haben die Tabellen von Yin/Yang gelesen, und wir wissen, daß alles in dieser Welt ein immerfort wechselnder Energiefluß ist. Auch wir selbst geben und nehmen andauernd Energien, oft ohne davon zu wissen. Hier aber finden wir einen großen Teil unserer Freiheit.

Energien bewußt zu geben und zu nehmen, zu schwächen und zu stärken, das ist der „freie Wille" von uns Menschen.

Es beginnt beim Kochen und Essen, in unserer Familie, in der nächsten Umgebung.

Durch das Erkennen der einzelnen Energiequalitäten, vor allem aber durch den gezielten Umgang mit den Energien können wir beginnen, unser Wohlbefinden zu bestimmen.

Eine Karotte zum Beispiel hat ihren eigenen Energiewert. Durch das Kochen können wir diesen Wert nun yangisieren und yinnisieren. Freude ist eine positive Energie. Wenn wir mit Freude kochen, geben wir Freude ins Essen, und diese wird – vielleicht unbewußt – mitgegessen.

Kommt man von der Arbeit nach Hause und fühlt sich schlapp und müde, sind wir also zu yin, dann sollten wir mehr yang essen, um uns besser zu fühlen.

Dies sind einfache Beispiele, doch probieren Sie selbst aus und machen Ihre Erfahrungen.

Ärger, Frustration ist yang. Sind wir ärgerlich und auch unser Partner, so weiß man schon im voraus, daß keine Verständigung möglich ist, denn yang und yang stoßen sich ab. Wollen wir eine Verständigung erreichen, dann ist es ratsam, sich yin zu benehmen, zum Beispiel nachgeben, ruhig sein.

Makrobiotik ist eine Lebensphilosophie. Essen ist lebensnotwendig für uns, wir können es nicht umgehen. Eine alte chinesische Weisheit sagt:

„Was man ißt, das ist man."

Die Kunst, verschiedenartige Energieeinflüsse zu balancieren

Störend ist für uns all das, was uns hindert, uns wohl zu fühlen, physisch wie auch psychisch.

Wenn wir die verschiedenen Yin/Yang Tabellen etwas studiert haben, wissen wir, daß jeder Zustand entweder zu yin, zu yang oder in Balance für uns ist. Zu Beginn werden wir sicher Mühe haben, unseren Zustand richtig zu beurteilen, denn es spielen mehr als nur ein Faktor mit.

Das Klima kann zu heiß für uns sein, also sind wir zu yang und sollten etwas mehr yin zu uns nehmen. Zugleich sind wir aber müde, also yin, und sollten uns kräftigen, also yang zu uns nehmen. Dazu sind wir noch ärgerlich, also yang und sollten uns yinnisieren. Also was tun?

Mit der Zeit werden wir lernen, die richtige Lösung für uns zu finden, ohne lange darüber nachzudenken. Wir können uns in jedem Klima durch klares, balanciertes Essen und bewußtes Handeln wohlfühlen. Das bewußte Essen hilft sehr, da wir nie sicher sein können, ob wir hundertprozentig richtig gegessen haben. Der Geist, das Bewußtsein, ist genauso wichtig wie die Materie.

Beginnen wir erst, die Energien in uns und um uns herum zu erkennen, um sie dann bewußt zu verwenden.

Makrobiotik ist keine Diät, die man auswendig lernen kann. Sie folgt einem universellen Prinzip, daß alles im Wandel ist, so auch wir selbst. So können wir immer nur im Moment wissen, was für uns gut ist und immer nur weiter lernen.

Ist die Makrobiotik eine Mangelernährung?

Die Eiweißfrage

Hier sind zwei Tabellen, die einen Vergleich zwischen den unterschiedlichen Eiweißgehalten einiger Nahrungsmittel anstellen. Wir können daraus entnehmen, daß Pflanzen im Schnitt fast ebensoviel Eiweiß enthalten wie tierische Produkte.

Mittlere Proteingehalte verschiedener Lebensmittel
(in g pro 100 g eßbarem Anteil) — (Souci u.a.)

Lebensmittel-gruppe	Mittlerer Proteingehalt	Mittlerer Proteingehalt der jeweils proteinreichsten Produkte	
Obst	0,5 – 1,2	1,9	(Avocado)
Gemüse	1,0 – 3,0	4,5	(Rosenkohl)
Getreide	7,4 – 12,0	12,6	(Hafer)
Nüsse, Samen	12,0 – 20,0	26,0	(Erdnüsse) (20 Sesam)
Hülsenfrüchte	20,0 – 23,0	37,0	(Sojabohnen)
Meeresgemüse	9,0 – 20,0	36,0	(Nori)
Kuhmilch	3,0 – 3,5	3,7	
Hühnerei	12,5 – 13,0	13,3	
Fleisch	14,0 – 20,0	22,0	(Kalb-Muskelfleisch)
Fisch	16,0 – 19,0	22,0	(Thunfisch)
Käse	20,0 – 26,0	29,0	(Emmentaler)

Koerber, Männle, Leitzmann, Heidelberg 1986, S. 158

Eiweißgehalt in %:

Weizen, ganzes Korn	11,7		
Hirse, geschältes Korn	10,6	Sojabohne	37,0
Roggen, ganzes Korn	11,6	Sesam	20,0
Weizenkeime	26,6	Hafer, entsp., ganzes K.	2,6
Bohnen, weiß	21,1	Reis, unpoliert	7,4
Linsen, getrocknet	23,5	Roggenkeime	42,0
Haselnüsse	5,9	Kartoffel	1,6
Mandeln, süss	9,3	Erbsen, grün	2,6
Kuhmilch (Voll-, roh)	3,3	Sonnenblumenkerne	37,0
Butter (Deutsche Mark.b.)	0,7	Erdnüsse	26,0
Hühnerei (ganzer Inhalt)	11,4	Spinat	2,1
Meeresgemüse:		Joghurt (mind. 3,5 % F.)	3,9
Hiziki	8,9	Emmentalerkäse 45 % F.)	27,0
Nori	35,6	Mageres Rindfleisch ca.	18,0
Wakame	12,4	Kalbfleisch	16,5

(Quelle: Souci-Fachmann-Kraut, Die Zusammensetzung der Lebensmittel, Wissensch. Verlagsanst., Stuttgart * und Seibin und Arasaki Vegetables from the Sea)

Eiweiß besteht aus 20 Aminosäuren, die, wie Buchstaben aneinandergereiht, die verschiedensten Eiweiße ergeben. Von den 20 Aminosäuren kann der menschliche Organismus nur ungefähr 8 Aminosäuren nicht selbst herstellen. Man nennt diese die „essentiellen Aminosäuren" und gibt Werte an, die unser Körper täglich benötigt. Nun hat man früher angenommen, daß nur die tierischen Eiweiße alle essentiellen Aminosäuren enthalten. Man weiß aber schon sehr lange, daß pflanzliche Eiweiße genauso alle essentiellen Aminosäuren enthalten, aber ebenso wie die tierischen die einzelnen Aminosäuren in verschiedenen Mengen. Um nur ein Beispiel zu nennen: Getreideeiweiß ist arm an der Aminosäure Lysin, Gemüse dafür reich an Lysin. Besonders aufschlußreich und im Hinblick auf die üblichen Vorstellungen überraschend ist als weiteres Beispiel die Gegenüberstellung der Aminogramme vom Rindermuskel (also Fleisch) und Blattgemüse, wie die beigefügte Tabelle zeigt. Sie ist dem Vitalstofftabellarium von Prof. Schweigert entnommen.

Prozentualer Anteil exogen-essentieller Aminosäuren und biologische Nutzungswerte
(nach H.A. Schweigert und G. Quellmatz)

	Arginin	Histidin	Lysin	Trypto-phan	Phenyl-alanin	Methionin	Threonin
Rindermuskel	6,70	2,52	7,05	1,13	4,26	2,87	4,0
Blattgemüse	6,09	1,825	4,96	1,65	3,91	2,0	3,565

	Leucin	Isoleucin	Valin	Cystin	Exogene Aminosäuren	Biologische Gesamtnutzung
Rindermuskel	6,7	5,48	5,04	1,13	46,88	71,3
Blattgemüse	9,58	4,69	5,21	1,74	45,22	73,0

Aus der Verschiedenartigkeit der Aminogramme der einzelnen Nahrungsmittel läßt sich die einfache logische Schlußfolgerung ableiten, daß es nötig ist, sich nicht nur von einem einzigen pflanzlichen Lebensmittel zu ernähren – aber wer macht schon so etwas? –, sondern die Nahrung abwechslungsreich und vielseitig zu gestalten, wenn man den Eiweißbedarf aus dem Pflanzenreich decken will. Aus dem Lysinbeispiel ergibt sich, daß die besonders empfehlenswerte Kombination von Getreide und Blattgemüse eine vollwertige Eiweißversorgung garantiert.

(Quelle: Dr. Bruker: Die Deckung des Eiweißbedarfs)

In manchen alten Makrobiotik-Schriften von George Ohsawa wird gesagt, daß die „reinste" Nahrung für den Menschen wäre, nur Reis zu essen (Diät Nr. 7). Das mag für vollkommen gesunde Menschen (wie wir sie heute noch im Himalaya antreffen, zum Beispiel tibetanische Mönche) zutreffen. Für uns Europäer ist eine solche Diät gefährlich. Unser Darm ist zu träge, um aus den einfachen Bestandteilen von Reis alle wichtigen Nährstoffe herzustellen. Daß dies aber grundsätzlich möglich ist, beweisen verschiedene Stämme Südamerikas und Asiens.

Um sich etwas mehr zu entschlacken, empfiehlt es sich, neben der makrobiotischen Standarddiät einmal im Monat einen Fasttag zu machen (nichts essen, nur etwas Banchatee trinken). Man kann auch alle drei Monate am besten zu Neumond drei Reistage machen (an diesen drei Tagen nur Reis essen und etwas Banchatee trinken).

Es ist ein weitverbreiteter Irrtum, daß das in tierischer Nahrung enthaltene Eiweiß irgendwie anders geartet (und hochwertiger) sei als pflanzliches Eiweiß. Tatsächlich besteht zwischen beiden kein wesentlicher Unterschied, allenfalls ein gradueller. Je höher die NPV einer Nahrung, desto vollständiger kann der Körper das darin enthaltene Eiweiß verwerten. Wie die folgende Tabelle zeigt, sind die höchsten NPV-Werte zwar in tierischer Nahrung zu finden, doch eine Reihe von pflanzlichen Produkten – einschließlich Tofu – rangieren ebenfalls ziemlich weit oben auf der Skala:

Nahrungsmittel	NPV (%)
Eier	94
Vollmilch	82
Fisch	80
Hüttenkäse	75
Miso	72
Vollreis, Käse	70
Weizenkeime, Rindfleisch	67
Hafermehl	66
Tofu, Huhn	65
Sojabohnen, -mehl	61
Gerste	60
Erdnüsse	43
Linsen	30

(Quelle: Öko-Diät, Frankfurt 1978 und andere)

Essentielle Aminosäuren in einem makrobiotischen Tagesmenu
(Gehalt in g)

	Isoleucin	Leucin	Valin	Methionin	Pheny-leucin	Trypto-phan	Threonin	Tyrosin	Lycin
100 g Voll-weizen	0,51	0,79	0,54	0,18	0,58	0,15	0,34	0,15	0,32
100 g Vollreis	0,35	0,71	0,51	0,17	0,43	0,09	0,34	0,33	0,31
20 g Sesam	0,22	0,36	0,26	0,15	0,25	0,07	0,21	0,17	0,15
33 g Linsen	0,40	0,70	0,46	0,07	0,47	0,08	0,37	0,28	0,63
100 g Karotten	0,043	0,042	0,04	0,008	0,03	0,01	0,03	0,016	0,047
100 g Blumen-kohl	0,11	0,17	0,15	0,048	0,077	0,034	0,11	0,035	0,14
20 g Wakame	0,07	0,13	0,10	0,06	0,09	0,02	0,06	0,06	0,11
33 g Miso, Shoyu	0,39	0,56	0,40	0,08	0,41	0,11	0,34	0,7	0,45
Summe	2,09	3,46	2,46	0,77	2,34	0,56	1,8	1,74	2,15
tägl. Mindest-bedarf lt. Ciba/ Geigy Med. Tab.	0,70 +	1,10 +	0,80 +	1,10 −	1,10 +	0,25 +	0,50 +	1,10 +	0,80 +

Quelle: Fachmann, Souci, Kraut, Wissenschaftliche Tabellen

Essentielle Aminosäuren (g in 100 g)

	Isoleucin	Leucin	Valin	Methionin	Phenyl-leucin	Trypto-phan	Threonin	Tyrosin	Lysin
Soja-bohnen	1,95	3,11	1,93	0,64	2,15	0,49	1,63	0,49	2,08
Tofu	0,32	0,45	0,33	0,08	0,37	0,09	0,28	0,52	0,44
Vollweizen	0,51	0,79	0,54	0,18	0,58	0,15	0,34	0,15	0,32
Vollreis	0,35	0,71	0,51	0,17	0,43	0,090	0,34	0,33	0,31
Möhren	0,043	0,042	0,040	0,008	0,031	0,010	0,036	0,016	0,047
Feldsalat	0,13	0,14	0,11	0,011	0,096	0,020	0,085	-	0,11
Grünkohl	0,14	0,25	0,23	0,052	0,14	0,064	0,13	0,18	0,24
Mangold	0,091	0,12	0,084	0,006	0,070	-	0,088	-	0,084
Rosenkohl	0,21	0,23	0,24	0,040	0,15	0,050	0,16	-	0,25
Blumen-kohl	0,11	0,17	0,15	0,048	0,077	0,034	0,11	0,035	0,14
Wirsing	0,10	0,19	0,14	0,027	0,12	0,032	0,11	-	0,012
Kicher-erbsen	1,14	1,46	0,98	0,26	0,96	0,16	0,70	0,66	1,37
Linsen	1,19	2,11	1,39	0,22	1,40	0,25	1,12	0,84	1,89
Sesam	1,10	1,82	1,32	0,75	1,25	0,34	1,07	0,85	0,75
Schwarz-bohnen	2,17	1,32	1,46	0,21	1,57	1,34	0,81	0,88	2,08
Azuki-bohnen	0,95	2,30	1,10	0,30	1,43	0,24	0,95	0,20	1,75
Hühnerei	0,92	1,09	1,05	0,68	0,75	0,23	0,51	0,18	0,68
Rind-fleisch	0,92	1,43	0,97	0,43	0,72	0,22	0,77	0,20	1,53
Schweine-magen	0,72	1,04	0,73	0,35	0,56	0,20	0,65	0,18	1,16
Konsum-milch	0,21	0,35	0,23	0,084	0,17	0,046	0,15	0,17	0,26
Kartoffeln	0,09	0,12	0,11	0,03	0,09	0,030	0,08	0,03	0,12
Hatcho-miso	1,18	1,68	1,21	0,25	1,25	0,33	1,03	2,10	1,36
Gersten-miso	0,94	1,28	0,79	0,17	0,63	0,16	0,74	1,23	0,65
Arame	0,33	0,55	0,44	0,18	0,30	0,10	0,17	0,16	0,58
Hasel-nüsse	0,91	1,05	1,03	0,16	0,60	0,25	0,47	0,55	0,45
Mandeln	0,86	1,43	1,11	0,26	1,13	0,17	0,60	0,61	0,57
tägl. Mindest-bedarf lt. japanischen Quellen	0,70	1,10	0,80	0,20	0,30	0,25	0,50	1,10	0,80
tägl. Mindest-bedarf lt. Ciba/Geigy	0,70	1,10	0,80	1,10	1,10	0,25	0,50	?	0,81

Quelle: Fachmann, Souci, Kraut, Wissenschaftliche Tabellen

99

Anhand dieser kleinen Mengenaufteilung und der vorher angeführten Tabelle wird klar gezeigt, daß:
1. alle essentiellen Aminosäuren in rein pflanzlichen Nahrungsmitteln enthalten sind.
2. fast alle so reichlich vorhanden sind, daß selbst die Menge, die
   nach dem Kochen übrigbleibt, noch dem Mindestbedarf entspricht.
3. sich auch die Diskussion wegen der unterschiedlichen Eiweiß-
   verwertungswerte bei der vorhandenen Menge erübrigt.
4. das Manko an Methionin sicherlich ausgeglichen wird, da man
   meist zusätzlich zur Standarddiät etwas verspeist, 100 g Mandeln enthalten zum Beispiel 0,26 g Methionin
5. die Ciba-Geigy-Werte sehr hoch angesetzt sind, die World
   Health Organisation (WHO) gibt geringere Werte an.

Deckung des Vitamin- und Mineralstoffbedarfs

Im folgenden Kapitel geben wir eine Übersicht von Vitamin- und
Mineralstoffgehalt der gebräuchlichsten makrobiotischen Nah-
rungsmittel, ebenso von einigen Normalverbrauchsgütern zum
Vergleich. Wir geben auch eine knappe Beschreibung der Funk-
tion der verschiedenen Vitamine und Mineralstoffe in unserem
Körper.

VITAMINE (Angaben für 100 g)

Vitamin D Empfohlene Tagesaufnahme 2−2,5 µg (Mikrogramm)
           Verlust beim Erhitzen ist gering
es reguliert den Ca- und P-Haushalt im Körper, bewirkt eine
gesunde Zahn- und Knochenbildung. Wichtig im Säuglings- und
Kindesalter. Auch durch Sonneneinwirkung wird Vitamin D im
Körper gebildet. Vitamin D_2 wird durch UV-Bestrahlung aus
Ergosterin gebildet.

Morchel (Fungus)	3,10 µg
Pfifferling	2,10 µg
Steinpilz	3,10 µg
Shiitake	es gibt davon keine Analysen in Europa, der Gehalt dürfte bei 2,5−3 µg liegen

In Meeresgemüse befinden sich Sterole, deren Struktur der von
Vitamin D ähnlich ist.

Vitamin A Tagesbedarf 0,8−1 mg
Verlust beim Erhitzen 0−19 %
Gibt Widerstandskraft gegen Infektionen, ist wichtig
für die Atmungsorgane, stimuliert Wachstum und
Vitalität, hilft bei Nachtblindheit und schwachen
Augen, fördert gesunde Haut, ist notwendig in der
Schwangerschaft und Stillzeit.

Möhren	1,100 mg
Broccoli	0,32 mg
Mangold	0,58 mg
Feldsalat	0,65 mg
Lauch	0,66 mg
Grünkohl	0,83 mg

Vitamin E (d-Tocopherol Äquivalente)
Bedarf ist stark abhängig von der Aufnahme an mehr-
fach ungesättigten Fettsäuren! = ungefähr 12 mg / Tag
Verlust beim Erhitzen 0−34 %.
Genaue Funktion ist unklar.

Knollensellerie	2,6 mg
Grünkohl	4,0 mg
Vollreis	0,18 mg
Sojabohnen	15,3 mg
Sesamöl (20 g)	5,7 mg
Haselnüsse (10 g)	2,1 mg
Mandeln (10 g)	2,18 mg
Sonnenblumenkerne (10 gr)	2,18 mg

Sesam: keine Werte, müßte aber dem Wert von Sonnenblumen
entsprechen

Vitamin K Tagesbedarf 1,3−1,5 mg
Keine Angaben, ob hitzebeständig oder nicht.
Notwendig zur Herstellung des Prothrombin (eine
Substanz für die Blutgerinnung), wichtig für die Funk-
tion der Leber. Wird auch von den Darmbakterien pro-
duziert.

Broccoli	0,8	mg
Rosenkohl	1,0	mg
Blumenkohl	3,0	mg
Kopfsalat	0,7	mg
Kohl	0,4	mg
Sojabohnen	0,18	mg

Vitamin B₁ (Thiamine) wasserlöslich
Tagesbedarf ca. 1,2 mg
(20% Zubereitungsverlust schon eingerechnet)

Alkoholkonsum steigert den Bedarf. Der Konsum von Zucker und Honig erhöht den Bedarf ebenso, da zur Verdauung dieser Süßstoffe Vitamin B_1 aus dem Körper benötigt wird.
Der Vitamin- B_1-Mangel ist in den USA bereits so ausgeprägt, daß eigens ein verursachernaher Name für ihn kreiert wurde: „Junk Food Desease" steht für Konzentrationsstörungen, Nervosität, unter Umständen Zittern und Schweißausbrüche infolge von Fast-Food-Dauergenuß.
Vitamin B_1 fördert das Wachstum, die Verdauung, ist notwendig für die normale Funktion der Nervenzellen, für Herz und Muskeln.

Vollreis	0,41 mg	Vollweizenmehl	0,45 mg
Linsen	0,43 mg	Vollweizen, ganz	0,48 mg
Kichererbsen	0,48 mg	Haselnüsse	0,40 mg
Sojabohnen	1,00 mg	Nori	0,25 mg
Schwarzwurzeln	0,15 mg	Wakame	0,11 mg
Fenchel	0,20 mg	Kombu	0,08 mg
Tofu	0,02 mg	Brunnenkresse	0,09 mg
Miso	0,04 mg	alle anderen Gemüse	0,05 mg

Verluste beim Erhitzen:	Wurzelgemüse	0%
	Blumenkohl	20%
	Kohl 0−16%	

Vitamin B₂ (Riboflavin)
Verlust beim Kochen 0−30%
bei Getreide 0%
fördert das Wachstum, ist notwendig für Augen, Haut, Mund und für das allgemeine Wohlbefinden

Hiziki	0,20 mg	Gerstenmiso	0,10 mg
Kombu	0,32 mg	Hatchomiso	0,13 mg
Nori	1,24 mg	Sojabohnen	0,52 mg
Wakame	0,14 mg	Brunnenkresse	0,17 mg
Tofu	0,02 mg	Hirse	0,14 mg
Vollreis	0,10 mg	Vollweizenmehl	0,17 mg
Linsen	0,25 mg	Vollweizen, ganz	0,14 mg
Fenchel	0,10 mg	Kichererbsen	0,18 mg

Niacin Tagesbedarf ungefähr 12 mg
Verlust beim Erhitzen 0−40%
der genaue Bedarf ist nicht bekannt. Kann aus der Aminosäure Tryptophan gebildet werden.
Wichtig für die normale Funktion des Nervensystems, des Magens, des Verdauungssystems und der Haut.

Brunnenkresse	0,65 mg	Haselnüsse	1,0 mg
Blumenkohl	0,4 mg	Linsen	2,0 mg
Broccoli	0,6 mg	Vollreis	5,2 mg
Tofu	0,6 mg	Gerste	4,8 mg
Hatchomiso	1,3 mg	Hafer	2,4 mg
Gerstenmiso	1,5 mg	Vollweizen	5,1 mg
Grünkohl	1,0 mg	Vollweizenmehl	5,0 mg
Chinakohl	0,4 mg	Sesam	5,0 mg
Möhren	1,0 mg	Kichererbsen	1,6 mg
Sellerie	0,7 mg	Sojabohnen	2,5 mg
Champignons	5,5 mg	Nori	10,0 mg
Pfifferlinge	6,5 mg	Wakame	10,0 mg
Birkenpilze	4,7 mg	Arame	2,6 mg
Steinpilze	4,9 mg	Kombu	1,8 mg
Mandeln	4,2 mg	Hiziki	4,0 mg

Vitamin B$_6$ Tagesbedarf 1−2 mg
Der Bedarf steigt mit der Proteinzufuhr. Ist wichtig für den Auf- und Abbau von Aminosäuren (Proteinstoffwechsel)
Verlust beim Erhitzen 0−30%

Vollreis	0,6 mg	Sojabohnen	1,19 mg
Blumenkohl	0,2 mg	Hirse	0,75 mg

Sellerie	0,2 mg	Vollweizen	0,44 mg
Broccoli	0,17 mg	Vollweizenmehl	0,46 mg
Grünkohl	0,25 mg	Linsen	0,6 mg
Rosenkohl	0,28 mg	Kichererbsen	0,54 mg
Lauch	0,25 mg	Kombu	0,27 mg

Folsäure Tagesbedarf 100 – 160 mg
Durch Hitze relativ anfällig

Verluste beim Erhitzen: Blattgemüse	0 – 8 %
Wurzelgemüse	30 – 92 %
Kürbis	0 %

notwendig für die Blutbildung. Die Darmflora produziert dieses Vitamin auch, ob es verwertet wird, ist noch nicht bekannt.

Sojabohnen	225 mg	Weißkohl	79 mg
Kichererbsen	200 mg	Vollweizenmehl	50 mg
Mangold	30 mg	Vollweizen, ganz	49 mg
Broccoli	33 mg	Vollreis	16 mg
Kürbis	36 mg	Gerste	65 mg
Rettich	24 mg	Nori	8,8 mg
Wirsing, Grünkohl	60 mg	Steinpilz / Pfifferling	0,0 mg
Fenchel	100 mg	Champignons	0,03 mg

Pantothensäure Tagesbedarf ungefähr 8 mg
Verlust durch Erhitzen 0 – 20 %
Vollreis 3 %

Greift zentral in den Stoffwechsel von Kohlenhydraten, Fetten und Aminosäuren ein. Zur Aufrechterhaltung kleiner Blutgefäßwände, hilft bei Gelenkkrankheiten, Zuckerkrankheit, Tuberkulose, Schleimhauterkrankungen. Ist an Entgiftungsraktionen beteiligt. Wird zum Teil auch durch die Bakterien der Darmflora synthetisiert und ist dem Körper verfügbar.

Blumenkohl	1,01 mg	Vollweizen	1,18 mg
Broccoli	1,29 mg	Vollweizenmehl	1,2 mg
Wassermelone	1,6 mg	Champignons	2,1 mg
Steinpilze	2,7 mg	Kichererbsen	1,3 mg

| Gerste | 0,68 mg | Linsen | 1,36 mg |
| Vollreis | 1,7 mg | Sojabohnen | 1,92 mg |

BIOTIN (= Vit. H) zum Vitamin B-Komplex gehörend
Tagesbedarf durchschnittlich 100−150 mg
Verlust beim Kochen: Vollreis 2%
Gemüse 10 − 30%
Wichtig für die Blutgerinnung und als Wachstumsfaktor.
Samen und Hülsenfrüchte sind im Pflanzenbereich
wahrscheinlich die höchsten Träger von Biotin. Es gibt
darüber noch keine genauen Analysen.

Karotte	5,0 mg	Kichererbsen	
Vollreis	12,0 mg	Linsen	
Vollweizen	6,0 mg	Azukibohnen	
Vollweizenmehl	8,3 mg	Zwiebel	3,5 mg
Sojabohnen	60,0 mg		

VITAMIN B$_{12}$ (Cobalamin) Tagesbedarf WHO − 1 µg
DGE − 5 µg
Löwe − 1 µg
hilft der Blutbildung, Regenerierung der roten Blutkörperchen, fördert das Wachstum und den Appetit
bei Kindern B$_{12}$ ist hitzebeständig, kann sich aber
durch Licht zersetzen.

Camembert (in 30 g)	0,78 − 0,93 µg
Milch (in 250 g)	1,05 µg
Nori	13,00 −29,00 µg
Ulve	6,3 µg
Hiziki	0,57 − 5,0 µg
Kombu	0,3 −27,0 µg
Wakame	0,3 −15,0 µg
Miso	0,17 µg
Ei	2,0 µg
Tempeh	3,9 µg
Natto	0,3 µg

Auch in Shiitakepilzen kommt Vitamin B_{12} vor.
Auch läßt sich Vitamin B_{12} in pflanzlichen Nahrungsmitteln nachweisen, wo es von kleinen Mikroorganismen gebildet wird, die in Symbiose mit der jeweiligen Pflanze leben.

Vitamin C Tagesbedarf 75 mg (nach DGE) 30 mg (nach WHO)
(40 % Zubereitungsverlust sind dabei berücksichtigt)
Verlust beim Erhitzen 0 − 60 %
notwendig für gesunde Zähne, Gaumen und Knochen, zur Aufrechterhaltung von Gesundheit und Vitalität. Für Heilungsprozesse von Knochenbrüchen
Gut für Bindegewebe, Knochen, Knorpel.
Um Skorbut (klinischer Vitamin-C-Mangel) zu verhindern, genügt schon eine Menge von 15 mg/Tag.

Blumenkohl	73 mg	Mangold	39 mg
Broccoli	114 mg	Petersilie	166 mg
Brunnenkresse	51 mg	Rosenkohl	114 mg
Chinakohl	36 mg	Lauch	30 mg
Feldsalat	35 mg	Rettich	27 mg
Fenchel	93 mg	Sauerkraut	20 mg
Grünkohl	105 mg	Schnittlauch	47 mg

MINERALSTOFFE

Natrium (N) Mindestbedarf 1 − 2 g
natriumarme Diät 391 mg Na/Tag

(in 100 g)

Linsen	4,0 mg	Vollreis	10 mg
Kichererbsen	27,0 mg	Tofu	6 − 7 mg
Haselnüsse	2,0 mg	Fisch	23 − 40 mg
Mandeln	3,0 mg	Huhn	66 mg
Blattgemüse	2 − 10,0 mg	Rind	50 − 70 mg
Wurzelgemüse	8 − 18,0 mg	Schwein	50 − 80 mg
Miso	enthalten	Steinpilz	6 mg
Algen	relativ viel	Pfifferling	3 mg
Vollweizen	7,8 mg	Champignons	6 mg

Verlust durch Erhitzen 0−60 %
Natrium ist an der Regulierung des osmotischen Drucks der Zell-
flüssigkeit beteiligt, wird für die Säure-Basen-Balance benötigt
Probleme ergeben sich bei der übermäßigen Aufnahme von
Natrium (Bluthochdruck)
1 g Meersalz enthält ca. 390 mg Na

Kalium (K) Mindestbedarf 1−3,5 g
Verlust durch Erhitzen 0−30 %
Wirkung ähnlich wie bei Natrium (Säuren-Basen-
Gleichgewicht)
spielt eine Rolle bei der Regulation der Zellproteine.
Funktion: Regulierender Faktor der Zellen,
Natrium-Gleichgewicht, osmotischer Druck,
Gleichgewicht zwischen Blut und Serum, K und Na.
Mangelerscheinungen: Unregelmäßige Herzfunk-
tion, ungenügende Muskelkontrolle,
nervöse Erscheinungen.

Sojabohnen	1.740 mg	Vollweizen	500 mg
Möhren	340 mg	Sesam	460 mg
Wirsing	280 mg	Linsen	260 mg
Mangold	380 mg	Kichererbsen	580 mg
Rosenkohl	390 mg	Steinpilz	486 mg
Broccoli	410 mg	Pfifferling	507 mg
Vollreis	150 mg	Champignon	486 mg

Kalzium (Ca) Tagesbedarf 700−800 mg
Verlust beim Erhitzen 0−30 %

Kalzium ist wichtig für die Milchbildung, Knochenbildung, Blut-
gerinnung, Nerven-, Herz- und Muskelfunktion. Durchlässigkeit
der Gewebezellen. Schutz bei Ansteckungskrankheiten wie
Tuberkulose. Bei Mangel an Kalzium kommt es zu schwachen
Knochen, verringerter Milchbildung, Milchfieber, geschwollenen
Gelenken, Rachitis, kein Wachstum.

Sesam		Hiziki	1 400 mg
(ungeschält)	800 − 1 500 mg	Wakame	1 300 mg

Sojabohnen	257 mg	Arame	1 170 mg
Kichererbsen	110 mg	Kombu	800 mg
Linsen	74 mg	alle Blattgemüse	90 mg
Azukibohnen	200 mg	Haselnüsse	225 mg
Tofu	150 mg	Mandeln	234 mg
Sonnenblumenkerne	100 mg	Brunnenkresse	180 mg
Vollreis	23 mg	Pilze um	8 − 9 mg
Vollweizen	41 mg	Trüffel	24 mg
Hafer	250 mg		

Phosphor (P) Tagesbedarf 700−800 mg
Verlust durch Erhitzen: Vollreis 0 %
Gemüse 0−16 %

Wichtig für Enzyme, zum Beispiel Phosphatase. Aufbau in Gehirn und Nerveneiweiß, Knochenbildung, insbesondere der Gelenke. Kohlenhydratumbildung in Blut und Geweben. Bei Mangel an Phosphor sind Wachstum und Fortpflanzung geschwächt. Gehirn- und Nervenfunktion gehindert, schwache Gelenkknochen, schwache, weiche Zähne, Appetitlosigkeit.

Sojabohnen	591 mg	Wirsing	55 mg
Hirse	310 mg	Möhren	35 mg
Gerste	342 mg	Schwarzwurzeln	61 mg
Arame	150 mg	Sellerie	80 mg
Kombu	150 mg	Brunnenkresse	63 mg
Nori	510 mg	Petersilie	128 mg
Wakame	265 mg	Steinpilz	115 mg
Vollreis	325 mg	Pfifferling	44,2 mg
Kichererbsen	428 mg	Champignon	115 mg
Linsen	412 mg		

Magnesium (Mg) Tagesbedarf 300−350 mg
Verlust beim Erhitzen: Vollreis 13 %
Wurzelgemüse 0− 40 %

Es aktiviert die Enzyme, ist notwendig für die Verwandlung der Kohlenhydrate, für die normale Funktion des Nervensystems und der Muskulatur, hilft bei der Blut-, Nerven- und Muskelbildung mit. Bei Mangel kommt es zu nervöser Reizbarkeit, Appetitlosigkeit, Mangel an Nervenkontrolle.

Sojabohnen	247 mg	Sesam	347 mg
Vollreis	157 mg	Möhren	18 mg
Vollweizen	147 mg	Schwarzwurzeln	23 mg
Gerste	114 mg	Broccoli	24 mg
Hirse	170 mg	Grünkohl	34 mg
Kichererbsen	108 mg	Brunnenkresse	34 mg
Linsen	77 mg	Trüffel	23,8 mg

Eisen (Fe) Tagesbedarf 12−15 mg
(Frauen bei Menstruation etwas mehr, etwa 18 mg)
Verlust beim Erhitzen: Gemüse 0−20%
Vollreis 0%

Wichtig für rote Blutkörperchen, Hämoglobin, Sauerstoffresorption und -transportable Zellatmung, Verhinderung bestimmter Arten von Anämie, aber nur bei Anwesenheit von Kupfer, Kontrolle des Schwefelprozesses. Bei Mangel kommt es zu blasser Haut, strohigem, blassem Haar, Schwierigkeit der Atmung, physiologischem Sauerstoffmangel.

Fenchel	2,7 mg	Pfifferling	6,5 mg
Mangold	2,7 mg	Steinpilz	1,0 mg
Brunnenkresse	3,1 mg	Sesam	10,0 mg
Schwarzwurzeln	3,3 mg	Linsen	2,1 mg
Löwenzahnblätter	3,1 mg	Kichererbsen	2,95 mg
Hiziki	28,0 mg	Sojabohnen	8,59 mg
Kombu	12,0 mg	Vollreis	2,6 mg
Wakame	13,0 mg	Vollweizen	3,3 mg
Arame	11,0 mg	Hirse	9,0 mg

Jod (J) J ist deutsches Zeichen, international: I
Bedarf 0,1−0,2 mg

Hiziki	40 mg	Grünkohl	0,012 mg
Kombu	193−470 mg	Gerste	0,007 mg
Wakame	18− 35 mg	Hirse	0,003 mg

Arame	98 – 560 mg	Vollweizen	0,0006 mg
Möhren	0,015 mg	Vollreis	0,002 mg
Brunnenkresse	0,018 mg	Sojabohnen	0,006 mg

1 g Kombu deckt unseren Tagesbedarf an Jod
Wichtig für die gesunde Funktion der Schilddrüse, für normales Wachstum, Energie und Stoffwechsel. Fördert die Blutzirkulation, die Verbrennung der Fette und Proteine

Fluor (F) Mindestbedarf 1 mg

Hohe Fluorgaben verschlechtern Jodversorgung und beeinträchtigen die Schilddrüsenfunktion. Ab 10 mg Fluoraufnahme kann es zu Knochendeformationen kommen. Fluormengen bis 2 g verursachen Übelkeit und Erbrechen. 5 – 10 g Fluor wirken tödlich! Die organische Varietät verbindet sich mit Oxyden, Kalium, Schwefel um Blut, Haut, Nägel, Haare zu bilden. Verbessert die Resorption von Eisen aus dem Darm. Wird in vielen Ländern dem Trinkwasser zugesetzt! (1 mg/Liter)

Sojabohnen	0,36 mg	Blumenkohl	0,012 mg
Spinat	0,11 mg	Vollweizen	0,09 mg
Lauch	0,01 mg	Vollreis	0,05 mg
Linsen	0,026 mg	Gerste	0,12 mg
Pilze	0,5 mg	Hirse	0,05 mg
Pfifferling	0,05 mg	Walnuß	0,7 mg
Petersilie	0,11 mg	Lachs	0,58 mg
Chinakohl	0,015 mg	Heringsfilet in Tomatensauce	2,15 mg

Mangan (Mn) wichtiger Bio–Katalysator für Wachstum und Knochenbildung, Gewichtserhaltung, gesunde Sexualfunktion, Brustdrüsen, Förderung der günstigen Darmflora

Es regt die Enzyme und andere Mineralien an, die für die richtige Verwertung von Vit. B_1 und Vit. E zuständig sind, im Zusammenhang mit dem Reproduktionsprozeß und verbindet sich mit Sauerstoff, Wasserstoff, Eisen, um Blutwasser und Hämoglobin zu bilden.

Die Tagesmenu-Nährwerttabelle
(Eiweiß, Fett, Kohlenhydrate in g) (Minerale, Vitamine in mg)

Nahrungsmittel	Eiweiß	Fett	Kohlenhydrate	Na	K	Ca	Mg	Ph	Fe	Jod	C	D	A	E	K	B1	B2	Niacin	B6	Folsäure	Pantothensäure	Biotin	B12
100 g Vollreis	7,5	1,9	75,	9	150	23	120	325	2,6	-	-	-	ø	1,2	-	0,41	0,09	5,2	0,67	16	1,7	12	-
100 g Vollweizen 20-30 g Sesam (Tahin. Gomasio)	11,4	2	59,4	7,8	502	43,8	146	406	6,6	-	-	-	20	1,4	-	0,48	0,14	5,10	0,44	50	1,2	6	-
33 g Tofu	4	12,5	3,2	9	92	300	70	121	2	-	-	-	1,2	ø	-	0,2	0,05	1	ø	-	ø	-	-
33 g Linsen	2,6	1,43	0,77	2	-	49	-	35	0,57	-	-	-	-	-	-	-	-	-	-	60	-	-	-
20 g Algen	7,8	0,47	18,7	1,3	270	25	13	137	2,3	-	0,7	-	9,1	ø	-	0,14	0,09	0,73	0,16	-	0,5	-	-
20 g Miso + Shoyu	2,9	0,26	8,5	330	ø	235	-	-	2,7	18,74	-	-	300	-	-	0,02	0,08	2,84	0,20	-	ø	-	2,9
100 g Broccoli	6	-	2,3	1000	-	32	-	57	1,15	-	-	-	-	-	-	0,012	0,03	0,45	ø	-	-	-	0,06
100 g Möhren	3,5	0,2	4	14	410	113	24	78	1,3	-	110	-	316	0,27	0,8	0,1	0,2	1,1	0,17	33	1,3	-	-
20 g Lauch	0,88	0,2	5,16	60	290	41	18	35	2,1	0,015	0,07	-	1100	0,60	0,80	0,069	0,053	0,58	0,093	0,008	0,27	5	-
	0,48	0,06	1,2	1	40	12	3	10,8	0,22	-	6	-	2,4	0,40	-	0,02	0,012	0,1	-	-	-	-	-
Summe	47,16	19,02	178,63	1434,1	1754	873,8	394	1204,8	21,54	18,76	116,77	-*	1748,7	3,87	0,88	1,45	0,745	17,10	1,73	159	4,97	23	2,96
Empf. Tagesaufnahme der DGE 1984	0,9 g	10 g	-	350-2500	1000-3500	800	300-350	800	12-15	0,15	75 mg	2,5	1000	12	1,3	1,2	1,5	9-15	1,6	160	8	?	5

ø wäre bedeutend, leider sind keine Werte auffindbar
- keine Werte auffindbar
* Algen enthalten vitaminähnliche Substanzen in großen Mengen, auch Shiitake enthalten Vitamin D

Dies ist nur ein Beispiel für ein Tagesmenü. Die Werte ändern sich natürlich bei den verschiedenen Menüs. Leider gibt es für makrobiotische Waren sehr wenig Analysewerte und man kann deshalb nicht sehr genau bestimmen.

111

Vorkommen in Hülsenfrüchten, Vollgetreide, Rüben, Schnittlauch, Karotten, Wasserkresse, Winterkohl, Äpfel, Aprikosen.

Möhren	0,06 – 0,25 mg	Haselnüsse	4,3 mg
Zwiebel	0,36 mg	Sojabohnen	4,0 mg
Sellerie	0,16 mg	Vollreis	1,7 mg
Mandeln	20 mg	Vollweizen	3,4 mg

Kupfer (Cu) Hilfe als Bio-Katalysator bei der Funktion des Eisens. Wichtig als Spurenelement für Enzyme, Fermente und Hormone. Vorbeugung bei Bangscher Krankheit. Gallenabsonderungen befördend.

Vollgetreide	0,4 – 0,6 mg	Hülsenfrüchte	0,1 – 3,0 mg
Blattgemüse	0,1 – 0,2 mg	Samen, Nüsse	

Zink (Zn) fördert normales Wachstum und Atmung des Zellgewebes. Wichtig für normales Haarwachstum. Notwendig für das männliche Sexualhormon. Fortpflanzung. Unterstützt den Eiweiß– und Kohlehydratstoffwechsel.

Vollweizen	4,1 mg	Petersilie	0,90 mg
Grünkohl	0,33 mg	Löwenzahnblätter	1,2 mg
Feldsalat	0,54 mg	Mangold	0,35 mg
Möhren	0,64 mg	Sojabohnen	1,0 mg

Schwefel (S) sorgt für gesunde Haut, Haare und Nägel, verbindet sich mit Kohlenstoff, Sauerstoff und Kalium zur Blutbildung. Wichtig für den Stoffwechsel der Leber und der Hautzellen.

Feldsalat	57 mg
Möhren	21 mg
Zwiebel	51 mg

Schlußfolgerung

Wer die vorher aufgeführten Tabellen und Analysen aufmerksam studiert hat, wird eindeutig zu dem Schluß gelangen, daß die makrobiotische Standarddiät eine sehr ausgeglichene Ernährungsform ist.
Wichtig ist jedoch, nicht bestimmte Teile der Empfehlung, sondern die ganze Diät zu praktizieren.

Rezeptteil für 5 Wochen

Zum nun folgenden Rezeptteil ist zu sagen, daß bei einigen Rezepten ein Getränk, meist Banchatee, angeführt ist. Man kann jedoch, wenn man sich dementsprechend fühlt, nach **jeder Mahlzeit** eine Tasse Tee zu sich nehmen. Dies fördert die Verdauung und hilft, Fette abzubauen.

Dazu eignen sich Banchatee (Zweigtee und Blattee), grüner Tee (Sencha), Löwenzahnwurzelkaffee, Klettenwurzelkaffee, Getreidekaffee.

Mu-Tee ist eine köstliche Mischung aus Kräutern und Wurzeln, darunter auch Ginseng. Diesen Tee trinkt man jedoch nicht täglich.

Wenn man sich abgespannt fühlt, hilft eine Tasse Tee mit einer Messerspitze Umeboshi-Konzentrat. Dies ist ein Konzentrat aus der milchsauren Umeboshi–Aprikose und wirkt allgemein stärkend.

Die Rezeptempfehlungen für Mittag und Abend können Sie selbstverständlich austauschen, wie es zeitlich und dem Appetit nach besser paßt.

Auch kann man die Rezepte der verschiedenen Tage auswechseln, dabei ist aber zu beachten, daß öfters schon am Vortag Vorbereitungen für ein Rezept getroffen werden müssen. Dies ist jeweils am Vorabend angegeben.

Die Frühstücksrezepte sind abwechselnd gestaltet, um Ihnen eine Auswahl anzubieten. Selbstverständlich können Sie täglich Reissuppe essen, wenn Sie Vollkornbrot und Waffeln am Morgen meiden wollen.

Die Misosuppe ist ein Energiespender für den ganzen Tag und wird deshalb meistens am Morgen zu sich genommen. Sie können sie aber auch tagsüber trinken.

Wenn möglich, schaffen sie sich eine Picklespresse an; diese ist sehr wichtig, um frische Gemüsepickles herzustellen.

Die Rezepte sind für 2 Personen angegeben.
1 Tasse = 1 / 4 Liter
kg = Kilogramm
g = Gramm
TL = Teelöffel
EL = Eßlöffel

Grundrezepte (wiederholen sich öfter)

Reissuppe
1 Tasse Vollreis, 1 Stück Kombualge, 6—7 Tassen Wasser, etwas Meersalz.
Den Reis gut waschen, dann alles zusammen zum Kochen bringen. Ungefähr 10 Minuten stark kochen lassen, dann auf kleiner Flamme ungefähr 2—3 Stunden kochen. Öfter umrühren, die Suppe soll dick und cremig werden.
Man kann diese Suppe, die als Frühstück gegessen wird, auch am Vorabend vorbereiten. Dann läßt man sie nach dem Aufkochen noch eine Stunde kochen, dreht die Flamme ab und läßt die Suppe über Nacht durchziehen. In der Früh kocht man sie dann unter ständigem Rühren ungefähr 15 Minuten noch einmal auf.

Vollreis
1 Tasse Vollreis, 2 Tassen Wasser, etwas Meersalz.
Den Reis gut waschen, dann mit dem Wasser zum Kochen bringen. Salzen und auf kleiner Flamme ungefähr 45 Minuten zugedeckt kochen.
Verwenden Sie generell im Winter Rundkornreis (kompakte Energie) und im Sommer Langkornreis (ausgedehnte Energie).

Kombusuppe (Dashi)
1 Tasse Kombualge (mit einem trockenen Tuch sauber gewischt), 1 Liter Wasser, 1 Stück Sellerie, 1 Karotte, 1 Petersilienwurzel
Alles zusammen 1—2 Stunden kochen. Die Alge und das Gemüse rausfischen, kleinschneiden und in der Suppe oder separat weiterverwenden.

Misobällchen
1/2 Teelöffel Miso zu einem Bällchen formen und in Sesam wälzen.

Gerösteter Sesam
etwas Sesam in einer Pfanne trocken rösten, bis er nußartig duftet.

Was den Menschen wesentlich macht, ist nicht das, was er tut, sondern in welchem Geiste er es tut und wie.

Keyserling

115

MONTAG

Frühstück: Reissuppe (Grundrezept)
Misobällchen (dgl.)
1 Scheibe Rettichpickle
Mangold, gedünstet mit Sesam
Banchatee

Mittag: Vollreis (Grundrezept)
Seitan mit Zwiebeln
Gurken-Wakame-Salat

Abend: Kombubrühe mit Udon
Mischgemüse

Mangold:
waschen, klein schneiden und in wenig Wasser mit Meersalz dünsten. Mit etwas Sojasauce beträufeln und mit geröstetem Sesam bestreuen.

Seitan mit Zwiebeln:
2 Scheiben Seitan, 3 Zwiebeln, 1 EL Pfeilwurzelmehl, gehackte Petersilie, etwas Sesamöl, Sojasauce
Die Zwiebeln in feine Halbmonde schneiden und auf mittlerer Flamme in etwas Sesamöl dünsten. Das Seitan dazugeben und für 5–10 Minuten mitdünsten. Etwas Meersalz dazugeben, inzwischen das Pfeilwurzelmehl mit etwas kaltem Wasser anrühren und ebenfalls zufügen. Eventuell mit etwas Wasser aufgießen und für 15 Minuten kochen lassen. Mit Sojasauce würzen und vor dem Servieren die Petersilie darüberstreuen.

Gurken-Wakame-Salat:
1/2 Gurke, 1 Streifen Wakame, etwas Vollreisessig, Sojasauce, Mirin.
Die Gurke feinblättrig schneiden und mit etwas Meersalz eine Stunde stehen lassen. Die Wakamealge für 10 Minuten einwei-

chen, dann fein schneiden und 10 Minuten kochen. Zu den Gurken geben und mit Vollreisessig, Shoyu und Mirin würzen.

Kombubrühe mit Udon:
Kombubrühe (Grundrezept) mit Shoyu würzen.
1/2 Packung Udonnudeln ungefähr 10 Minuten kochen und als Suppeneinlage servieren.

Mischgemüse:
1/4 Blumenkohl, 2 Karotten, Brunnenkresse.
Karotten waschen und in feine Stifte schneiden. Blumenkohl waschen und in Röschen teilen. Karottenstifte in etwas Sesamöl weichdünsten. Blumenkohl und Brunnenkresse separat in wenig Salzwasser weichdünsten.
Das fertige Gemüse obenauf in der Suppe servieren.

Vorbereiten für nächsten Tag: 1/2 Tasse Kichererbsen mit einem Stück Kombu in 2 Tassen Wasser einweichen.

DIENSTAG

Frühstück: Vollkornbrot mit Gerstenmalz (oder Carobaufstrich)
Banchatee oder Getreidekaffe
(für Kinder gewärmte Sojamilch)

Mittag: Vollreis (Grundrezept) (doppelte Menge kochen, gleich für den Abend)
Kichererbsen mit Karotten
Kombualgen
gedünsteter Chinakohl mit Sesam

Abend: Bratreis
geröstete Nori
Gomasio (Sesamsalz)
Sojasprossensalat

Kichererbsen mit Karotten:
Die eingeweichten Kichererbsen im Drucktopf 20–30 Minuten kochen. 2 Karotten waschen, in dünne Stäbchen schneiden und in

etwas Sesamöl anbraten. Im eigenen Saft weich werden lassen, die gekochten Kichererbsen daruntermischen, mit etwas Sojasauce würzen.

Kombualgen vom Vortag fein nudelig schneiden. In wenig Wasser mit etwas Sojasauce solange kochen, bis sie weich sind.

Gedünsteter Chinakohl mit Sesam:
1/2 Chinakohl, 1 TL Sesamöl, etwas Meersalz, Sesam.
Den Chinakohl waschen und in Stücke schneiden. Das Öl erwärmen und den Chinakohl dazugeben. Salzen und auf kleiner Flamme im eigenen Saft weichkochen. Mit geröstetem Sesam bestreuen.

Bratreis:
1 Karotte, 1 Zwiebel, 1 Stange Lauch, 2 TL Sesamöl, etwas Shoyu, 2 Tassen gekochter Reis.
Das Gemüse waschen und fein schneiden. Sesamöl erwärmen und Karotten und Zwiebeln darin anbraten. Dann den Lauch dazugeben und kurz mitdünsten. Mit Shoyu würzen, dann den Reis daruntermischen und 5 Minuten mitbraten.
Mit Gomasio bestreuen und gerösteten Nori servieren.

Sojasprossensalat:
5 Schalen Sojasprossen, 1 EL Miso, 2 EL Vollreisessig.
Sojasprossen waschen und in einen Topf mit heißem gesalzenen Salzwasser geben. Zum Kochen bringen und sofort abseihen und mit kaltem Wasser abschrecken. Miso in einer Tonreibe zerreiben, Reisessig dazugeben und cremig rühren. Diese Sauce mit Sojasprossen vermischen.
Damit der Salat ein wenig bunter ausschaut, können sie einige ganz fein geschnittene rote und grüne Paprikastreifen dazugeben.
Vorbereiten für nächsten Tag: 2 Shiitakepilze (nur, wenn es getrocknete sind!) in 1 Tasse Wasser einweichen.

MITTWOCH

Frühstück: Haferflockenbrei
Streunori
Rettichpickle
Dendeliokaffee (Löwenzahnwurzelkaffee)

Mittag:	Vollreis
	Gemüse mit Shiitake und Tofu
	Misobohnen
Abend:	Süßer Grieß
	Apfelkompott

Haferflockenbrei
1 Tasse Haferflocken, 2 Tassen Wasser, 1/4 TL Meersalz
Alles zusammen 30 Minuten auf kleiner Flamme unter öfterem Umrühren kochen.

Streunori:
1 Blatt Norialge auf einer Seite über offener Flamme rösten, in feine Streifen schneiden.

Gemüse mit Shiitake und Tofu:
2 Shiitake, 1 Stück Tofu, 2 Karotten, etwas Sesamöl
1 Tasse grüne Bohnen, Saft einer halben Orange, 2 EL Pfeilwurzelmehl, etwas Sojasauce.
Die Shiitakestiele abschneiden und die Hüte feinnudelig schneiden.
In etwas Sesamöl anbraten und mit Sojasauce würzen (Einweichwasser aufbewahren). Den Tofu in Stücke schneiden, in Sesamöl und mit Sojasauce würzen.
Die grünen Bohnen in Salzwasser kurz kochen und in Stücke schneiden. Die Karotten in Stäbchen schneiden, in Sesamöl anbraten, die grünen Bohnen dazugeben und beides garkochen.
Das Pfeilwurzelmehl im Shiitakewasser anrühren und den Orangensaft dazugeben. Zum Gemüse einrühren und aufkochen lassen. Die Pilze und den Tofu dazugeben. Mit Sojasauce würzen und 5 Minuten zusammen kochen lassen.

Misobohnen
sind in Miso eingelegte Schwarzbohnen. Sie gibt es fertig zu kaufen.

Süßer Grieß:
2 Tassen Grieß, 3 Tassen Wasser, 1 TL Sonnenblumenöl, etwas Meersalz, 2 EL Rosinen.

Den Grieß in einer dicken Pfanne auf mittlerer Hitze unter ständigem Umrühren goldbraun rösten. Zur selben Zeit das Wasser mit dem Salz und Öl zum Kochen bringen. Rosinen in lauwarmen Wasser einweichen, bis sie schön aufgegangen sind. Wenn der Grieß goldbraun ist, das kochende Wasser schöpflöffelweise darübergießen und umrühren. Der Grieß soll weich werden und aufquellen. Die Rosinen daruntermischen und auf kleiner Flamme 30 Minuten ziehen lassen.

Apfelkompott:
4 Äpfel, 1/2 TL Zimt, etwas Meersalz, 2 EL Gerstenmalz, 5 Nelken.
Die Äpfel waschen, entkernen und vierteln. Alles zusammen mit wenig Wasser weichkochen.

Vorbereitung für nächsten Tag: 1/4 Tasse Azukibohnen mit 1 Stück Kombualge in 2 Tassen Wasser einweichen.

DONNERSTAG

Frühstück: Misosuppe mit Dulse
           Vollkornbrot oder gekochter Reis

Mittag: Vollreis mit Azukibohnen
           Arame mit Sesam
           gebratener Süßkürbis (Hokkaidokürbis)

Abend: Bratnudeln
           Carobpudding

Misosuppe mit Dulse:
2 EL Dulse, 2 TL Gerstenmiso, 1 Karotte, 1/2 Stange Lauch, 1 Petersilienwurzel.
2 Tassen Wasser mit Dulse zum Kochen bringen. Karotte und Petersilienwurzel nudelig schneiden und dazugeben. Nach 5 Minuten den feingeschnittenen Lauch beifügen.
Inzwischen das Miso mit etwas kaltem Wasser anrühren und nach weiteren 5 Minuten zur Suppe geben. Mit gehacktem Schnittlauch bestreuen.
Der Reis kann separat oder in der Suppe gegessen werden.

Vollreis mit Azukibohnen:

1 1/2 Tassen Vollreis, gewaschen mit den eingeweichten Azuki-bohnen vom Vortag und 2 1/2 Tassen Wasser sowie etwas Meer-salz im Dampfkochtopf zum Kochen bringen. Auf kleinster Flamme 40 Minuten dämpfen lassen. Vor dem Servieren den Reis gut durchmischen.

Wenn Sie die doppelte Portion von Reis mit Azukibohnen kochen, können Sie damit ganz einfach ein **süßes Azukibrot** bak-ken, das sie zum Frühstück oder als Zwischenmahlzeit verwenden können.

6 Tassen gekochter Reis
1 Tasse Hirsemehl
1 Tasse Maismehl
1 Tasse Vollweizenmehl oder
3 Tassen Vollweizenmehl
3 Tassen Wasser
1/2 Tasse geröstete und geviertelte Walnüsse
1/2 Tasse Rosinen
Reis und Wasser mischen, nun Mehl, Salz, Rosinen und Nüsse dazugeben. Gut durchkneten. Mit einem feuchten Tuch bedeckt ca. 4 Stunden oder über Nacht stehen lassen. In eine geölte Kasten-form geben und 1 Stunde im warmen Ofen gehen lassen, dann auf Mittelhitze schalten und 2 Stunden backen.

Arame mit Sesam:

1 Tasse Arame, 1−2 EL Sesam, etwas Sesamöl, etwas Tamari. Die Algen waschen und dann mit etwas Wasser (gerade bedeckt) zum Kochen bringen. 10 Minuten leicht kochen lassen, abseihen und mit Tamari würzen. Mit geröstetem Sesam bestreuen.

Gebratener Süßkürbis:

1/2 Süßkürbis, etwas Sesamöl, Shoyu oder Tamari. Süßkürbis waschen, entkernen und in halbmondförmige Schei-ben schneiden. Die Schale kann verwendet werden. Das Sesamöl in einer Pfanne erhitzen und den Kürbis darin mit etwas Meersalz weichdünsten. Zwischendurch wenden. Vor dem Servieren mit Sojasauce beträufeln.

Feldsalat:
Den Feldsalat waschen, mit einer Marinade aus Vollreisessig, Sonnenblumenöl, etwas Shoyu und Wasser mischen.

Bratnudeln:
Wählen Sie die Nudeln dem Klima entsprechend. Ist es kühl, nehmen Sie Buchweizen– oder Hirseteigwaren, ist es warm, nehmen Sie Hartweizengrieß oder Sojateigwaren.
Zubereitung wie Bratreis (siehe Dienstag abend 1. Woche)

Carobpudding:
In diesem Buch geben wir Ihnen nur wenige Dessert-Menüs an, denn zu Beginn Ihrer neuen Diät sollten Sie nicht allzuviel davon essen. Trotzdem werden Sie sehr bald merken, wieviele Süßigkeiten ohne Zucker und Milch gemacht werden können. Waren Sie bis jetzt ein Backkünstler und haben auch Freude daran, werden Sie in kürzester Zeit mit den neuen Zutaten genauso schmackhafte Desserts kreieren können.

1/2 Liter Sojamilch, 1/2 Tasse Carob, 4 EL Maisstärke, 2 EL Haselnußmus, 4 EL Reismalz, etwas Meersalz.
Sojamilch mit Reismalz, Meersalz und Nußmus erhitzen. Maisstärke und Carob mit etwas kaltem Wasser anrühren und in die Sojamilch einrühren. 10 Minuten leicht kochen lassen, in ausgespülte Puddingform oder in kleinere Schälchen gießen. Nach dem Erkalten stürzen.

Wollen Sie mehr über Desserts wissen, dann legen Sie sich das Makrobiotische Dessertbuch zu (Verlag Ost-West-Bund). 150 verschiedene Rezepte werden ihnen dort geboten, zum Teil mit farbigen Fotos.

FREITAG

Frühstück: Reissuppe mit Reismalz, Zimt, Rosinen
Getreidekaffee

Mittag: Vollreis (2 Tassen mehr kochen für nächsten Tag
Frühstück und Abend)
Gemüsetempura
geriebener Rettich
Hizikisalat

Abend: Gemüsesuppe mit Vollkornnudeln

Gemüsetempura:
4 Scheiben Karotten, einige Blumenkohlröschen, 4 Scheiben
Zwiebeln, einige Scheiben Petersilienwurzeln.
Einen Backteig aus 1 Tasse Vollweizenmehl, etwas Meersalz, 1 TL
Pfeilwurzelmehl und 1 1/4 Tassen Wasser anrühren.
Das Gemüse in den Backteig eintauchen und in heißem Sonnen-
blumenöl schwimmend ausbacken. Mit Shoyu beträufeln.
Dazu 2 EL weißen geriebenen Rettich roh servieren.

Hizikisalat:
1 Tasse Hiziki waschen und 1 Stunde in lauwarmen Wasser einweichen. Dann 25 Minuten in wenig Wasser weichkochen (kann das
Einweichwasser sein). Mit einer Marinade aus Vollreisessig,
Mirin, Wasser, Shoyu vermischen und mit geröstetem Sesam
bestreuen.

Gemüsesuppe mit Vollkornnudeln:
1/2 Sellerieknolle, 1/2 Stange Lauch, 2 Karotten, 1 kleines Stück
Ingwer, Selleriegrün, etwas Shoyu, 1/2 Packung Vollkornspiralen
oder –hörnchen.
Das Gemüse waschen und in größere Stücke schneiden. In 1 Liter
Wasser zum Kochen bringen und 15 Minuten kochen lassen. Den
Ingwer reiben und den Saft auspressen.
Die fertige Suppe mit etwas Shoyu und dem Ingwersaft würzen.
Die Nudeln separat kochen und als Einlage servieren.

Für nächsten Tag vorbereiten:
Chinakohlpickles:
5 Chinakohlblätter, 1 Karotte, 2 EL Vollreisessig, 1 TL Meersalz. Das Gemüse waschen, in feine Streifen schneiden und in eine Salatpresse geben. Das Meersalz und den Reisessig daruntermischen und zuschrauben.

1 Tasse rote Nierenbohnen mit 1 Stück Kombu in 3 Tassen Wasser einweichen.

SAMSTAG

Frühstück: Misosuppe mit Wakame
fritierte Reisröllchen

Mittag: Krautstrudel
Chinakohlpickles

Abend: Reissalat mit Bohnen
Vollkornbrot

Misosuppe mit Wakame:
1 Petersilienwurzel, 1/2 Stange Lauch, 1 Karotte, 1 Streifen Wakame, 2 TL Gerstenmiso.

2 Tassen Wasser mit dem feingeschnittenen Wurzelgemüse zum Kochen bringen. Inzwischen die Wakame in lauwarmem Wasser einweichen. Nach etwa 5 Minuten diese fein schneiden und zur Suppe geben. 10 Minuten kochen, dann den feingeschnittenen Lauch dazugeben. Weitere 5 Minuten kochen. Das Miso in etwas kaltem Wasser anrühren und zur Suppe geben.

Fritierte Reisröllchen:
Den gekochten Reis mit feuchten Händen durchkneten und zu Röllchen formen. Diese mit einem Streifen Norialge umwickeln und in heißem Sonnenblumenöl schwimmend ausbacken. Mit Shoyu beträufeln.

Krautstrudel:
500 g Vollweizenmehl, etwas Meersalz, 1/2 Tasse Sonnenblumenöl, 1 Weißkohlkopf, 2 Scheiben Seitan (würfelig geschnitten). Aus dem Mehl, Meersalz, Öl und etwas warmem Wasser einen Teig kneten. 30 Minuten an einen warmen Ort stellen. Den Weißkohlkopf fein schneiden und in etwas Sesamöl weichdünsten. Mit Shoyu würzen. Das Seitan in Sonnenblumenöl schwimmend ausbacken und zum Weißkohl geben. Den Teig auf einem bemehlten Tuch dünn ausrollen, mit dem Weißkohl belegen und zusammenrollen. Auf geöltes Backblech geben und 25 Minuten bei 200° backen.

Die **Chinakohlpickles** einmal gut durchrühren und servieren. Wenn nicht alle gegessen werden, kann man sie noch 2 − 3 Tage aufheben.

Reissalat mit Bohnen:
Die eingeweichten Nierenbohnen ungefähr 20 Minuten im Dampfkochtopf kochen. Inzwischen eine weichgekochte Karotte und 1/2 Zwiebel feinwürfelig schneiden. Den gekochten Reis vom Vortag mit dem Gemüse und etwas Reisessig, Mirin, Shoyu und Umeboshiessig vermischen. Zum Schluß die gekochten Bohnen beimengen. 30 Minuten durchziehen lassen.

Vorbereitung für nächsten Tag: 1 Tasse Lotuswurzeln in kaltem Wasser einweichen.

SONNTAG

Frühstück: Gedämpfte Grießbrötchen
Getreidekaffee

Mittag: Vollreis
Lotuswurzelbällchen
Wakame-Salat
Misosuppe (1 Beutel Instant-Misosuppe in 1 Tasse heißem Wasser auflösen)

Abend: gebackene Reisdreiecke
geriebener Rettich
Apfel-Kuzu

Gedämpfte Grießbrötchen:
500 g Weizenvollgrieß, 2 EL Maisöl oder Sonnenblumenöl, Reismalz, etwas Meersalz, etwas Vollweizenmehl.
1/4 Liter Wasser mit Meersalz und dem Öl aufkochen und den Grieß damit übergießen und aufquellen lassen. Vollweizenmehl und Reismalz dazumischen, so daß man Brötchen formen kann. Man kann auch einige Rosinen dazugeben. 30 − 45 Minuten im Bambusdämpfer oder Dämpfeinsatz dämpfen und warm oder kalt servieren.

Lotuswurzelbällchen:
Die eingeweichten Lotuswurzeln im Druckkochtopf 30 Minuten kochen, dann durch ein Passiersieb drücken. Mit 1/2 Tasse feingehackter Zwiebel und etwas Vollweizenmehl und Meersalz zu einer festen Masse rühren. Kleine Bällchen formen und in heißem Sonnenblumenöl knusprig fritieren.

Wakame-Salat:
3 Streifen Wakamealgen waschen und 1 Stunde einweichen. Abseihen und in Streifen schneiden. Etwas Shoyu, Sesamöl und Reisessig dazugeben und mit geröstetem Sesam bestreuen.

Gebackene Reisdreiecke:
Vollreis wie Grundrezept kochen und noch warm zu Dreiecken formen. Auskühlen lassen und in heißem Sonnenblumenöl knusprig fritieren. Mit Sojasauce beträufeln und mit 2 EL weißen, geriebenen Rettich servieren.

Apfel-Kuzu:
2 Äpfel waschen, entkernen und vierteln. In 1/2 Liter Wasser und 3 EL Reismalz zum Kochen bringen. 2 EL Kuzu in etwas Wasser auflösen und nach 10 Minuten zu den Äpfeln geben. Unter Rühren 5 Minuten mitkochen lassen. Warm oder kalt servieren.

Vorbereitung für nächsten Tag: 1/2 Tasse Schwarzbohnen mit 1 Stück Kombu einweichen

Das Beste, was man hoffen kann zu vollbringen, ist, den anderen an das zu erinnern, was er bereits weiß.

Platon

MONTAG

Frühstück: Reissuppe mit Bratmiso
Geröstete Nori
Banchatee

Mittag: Vollreis mit Schwarzbohnen
Hiziki mit Tofu
gedünsteter Rosenkohl

Abend: Bulgur mit Gemüse
Schwarzer Gomasio

Bratmiso:
1/2 Tasse feingeschnittenen Lauch in etwas Sesamöl anbraten.
Aus 2 EL Gersten- oder Reismiso mit etwas Wasser eine Paste
anrühren und unter den Lauch mischen. 10 Minuten auf kleiner
Flamme dünsten.

Vollreis mit Schwarzbohnen:
Den Vollreis wie Grundrezept kochen. Die eingeweichten
Schwarzbohnen im Drucktopf 40 Minuten weichkochen. Dann
unter den fertigen Reis mischen.

Hiziki mit Tofu:
1 Tasse Hiziki waschen und 1 Stunde einweichen. Dann in etwas
Sesamöl anbraten, mit etwas Wasser aufgießen und 15 Minuten
dünsten lassen. Inzwischen 2 Scheiben Tofu in heißem Sonnenblumenöl knusprig fritieren. Den Tofu feinnudelig schneiden und
unter die Algen mischen. Mit Shoyu würzen.

Gedünsteter Rosenkohl:
Rosenkohl waschen und in wenig Salzwasser weichdünsten. Mit
geröstetem Sesam bestreuen.

Bulgur mit Gemüse:
1 kleine Zwiebel, 1 Karotte, 1 Petersilienwurzel, 2 EL gehackte

Petersilie, etwas Tamari, etwas Sesamöl, 2 Tassen Bulgur (gebrochener Hartweizen).

Bulgur waschen, in etwas Sesamöl in einer schweren Pfanne 5 Minuten rösten, mit 4 Tassen kochenden Wassers aufgießen, Meersalz dazugeben und 20 Minuten auf kleiner Flamme dämpfen.
Das Gemüse feinnudelig schneiden und in Sesamöl anbraten. Wenn es durch ist, den gekochten Bulgur untermengen. Mit Tamari würzen und mit Petersilie bestreuen.

DIENSTAG

Frühstück: Reiswaffeln mit Sesam-Misopaste
Klettenwurzelkaffee

Mittag: Vollreis mit Hirse
gebackener Sellerie
Grüne-Bohnen-Salat
Arame mit Karotten

Abend: Pizza
Banchatee

Sesam-Misopaste:
4 EL Tahin mit 1 EL Gerstenmiso cremig rühren. Feingeschnittenen Schnittlauch dazugeben.

Vollreis mit Hirse:
2 Tassen Vollreis, 1 Tasse Hirse mit 6 Tassen Wasser wie Grundrezept kochen (die Hälfte ist für den nächsten Mittag).

Gebackener Sellerie:
4 Scheiben einer Sellerieknolle, etwas Vollweizenmehl, Vollkornpaniermehl.
Die Selleriescheiben in etwas Wasser weichkochen. Aus dem Mehl und Wasser einen dünnen Teig anrühren. Den Sellerie eintauchen und dann im Paniermehl wenden. In heißem Sonnenblumenöl schwimmend ausbacken. Mit Sojasauce beträufeln.

128

Grüne-Bohnen-Salat:
2 Tassen grüne Bohnen waschen, in kleine Stücke schneiden und in wenig Salzwasser weichkochen. 1 / 2 Zwiebel fein hacken und zu den Bohnen geben. Eine Marinade aus Umeboshiessig, Sonnenblumenöl, Mirin und Wasser darunter mengen.

Arame mit Karotten:
1 Tasse Arame, 2 Karotten, etwas Shoyu, Sesamöl.
Die Arame waschen und in wenig Wasser 10 Minuten weich kochen. Die Karotten waschen und in Stäbchenform schneiden. In etwas Sesamöl anbraten und weichdünsten. Unter die gekochten Arame mischen und mit Shoyu würzen.

Pizza:
500 g Vollkornmehl, einige Chinakohlblätter, 1−2 rote Paprika, 3 Zwiebeln, 3 Knoblauchzehen, Sonnenblumenöl, Origano.
Aus dem Mehl, etwas Öl, Meersalz und lauwarmen Wasser einen Teig machen. 5 Minuten kneten und auf ein Blackblech ausrollen. Chinakohlblätter in Salzwasser blanchieren, im Mixer pürieren und auf den Teig geben. Paprika entkernen und roh pürieren und ebenfalls auf den Teig geben. Nun Zwiebeln − in feine Scheiben geschnitten − und Knoblauch auf die Pizza geben. Tamari und Origano darüber geben. Bei 200° Grad ungefähr 20 Minuten bakken. Der Teig soll eher dünn sein, damit die Pizza knusprig wird.

Vorbereitung für nächsten Tag:
Rettich-Umeboshi-Pickles:
Weißen Bierrettich in Streifen schneiden. Rettich mit Meersalz bestreuen und zwischen den Fingern reiben, bis der Rettich weich ist. In kaltem Wasser waschen und Wasser ausdrücken. Umeboshipflaumen zermusen und unter den Rettich mischen. In eine Salatpresse geben und unter Druck setzen. Nach einigen Stunden Druck erhöhen.

2 EL **Lotussamen** in einer Tasse Wasser einweichen.

MITTWOCH

Frühstück: Reissuppe mit Lotussamen
Rettichpickle, Misobällchen
Yannoh-Kaffee

Mittag: gefüllte Paprika
Weißkohlsalat

Abend: Vollreis
Seitangulasch
Rettich-Umeboshi-Pickles
Erdbeercreme

Reissuppe mit Lotusnüssen:
Kochen wie Grundrezept, nur zusammen mit den eingeweichten
Lotussamen.

Gefüllte Paprika:
4 grüne Paprika, 2 Tassen gekochten Reis/Hirse vom Vortag, 1
Tasse feingehacktes Seitan, 1/2 Tasse feingehackte Zwiebel.
Die Zwiebel in etwas Sesamöl anbraten, das Seitan dazugeben und
10 Minuten zusammen dünsten. Dann mit dem Getreide mischen,
mit etwas Sojasauce würzen. Die Paprikaschoten inzwischen entkernen, in wenig Salzwasser kurz kochen und dann mit der
Mischung füllen. In eine Bratform geben und im Backrohr anbraten.
Dazu eine Karottensauce servieren.
5 Karotten in kleine Stücke schneiden und in wenig Salzwasser
weichkochen. Im Mixer pürieren und mit Shoyu würzen.

Weißkohlsalat:
1/2 Weißkohl, etwas Kümmel, Reisessig, Mirin und Shoyu.
Den Weißkohl feinnudelig schneiden und mit den übrigen Zutaten vermischen. Gut durchziehen lassen.

Seitangulasch:
4 Zwiebeln, feingehackt, 2 Tassen Seitan, würfelig geschnitten, 3

Karotten, 1 Stück Lauch, in Streifen geschnitten, 1 / 2 Tasse Vollweizenmehl, etwas Paprikapulver, etwas Shoyu.
Die Zwiebeln und das Seitan in Sesamöl anbraten. Das Mehl kurz
mitrösten. Mit 1 / 2 l Wasser aufgießen. Das Gemüse dazugeben
sowie das Paprikapulver. 20 Minuten kochen lassen. Mit Shoyu
würzen.

Erdbeercreme:
1 Würfel Tofu, 1 Prise Salz, ca. 15 Stück Erdbeeren, etwas Naturvanille, wenn notwendig etwas Reismalz zum Süßen.
Die Zutaten im Mixer pürieren und in Schälchen servieren. Mit
einer ganzen Erdbeere garnieren.

Vorbereitung für nächsten Tag: 2 EL Fungus in einer Tasse Wasser
einweichen.

DONNERSTAG

Frühstück: Misosuppe mit weißem Fungus
fritierte Mochi

Mittag: Vollreis mit Linsen
Blumenkohl gebacken
Tofunaise
Rettichsalat

Abend: Hirsebratlinge mit Kuzusauce
geröstete Nori

Misosuppe mit weißem Fungus:
1 Stück Sellerie, 1 Karotte, 1 Chinakohlblatt, 2 TL Reismiso.
Vom eingeweichten Fungus die harten Mittelteile entfernen, dann
kleinschneiden. In 2 Tassen Wasser zum Kochen bringen. Den
Sellerie und die Karotte zündholzförmig schneiden und dazuge-
ben. Nach 10 Minuten den feingeschnittenen Chinakohl beifügen.
Das Miso in etwas kaltem Wasser auflösen und nach weiterer 5
Minuten Kochzeit zur Suppe geben.

Fritierte Mochi:
Die Mochi (Süßreiskuchen) in kleinere Stücke schneiden und in heißem Sonnenblumenöl fritieren. Mit etwas Sojasauce beträufeln.

Vollreis mit Linsen:
Kochen wie Grundrezept mit 2 EL braunen Linsen.

Blumenkohl gebacken:
1/2 Blumenkohl, etwas Vollweizenmehl, etwas Vollkornpaniermehl.
Den Blumenkohl in Röschen teilen und in etwas Salzwasser halbweich kochen. Aus dem Vollweizenmehl und etwas Wasser einen dünnen Teig anrühren, die Röschen darin eintauchen und im Paniermehl wenden. In heißem Sonnenblumenöl knusprig fritieren.

Tofunaise:
Gibt es fertig zu kaufen; es ist eine Art Mayonnaise aus Tofu ohne Ei.
Oder man mixt 100 g Tofu zusammen mit etwas Vollreisessig und Shoyu.

Rettichsalat:
1/2 weißen Rettich, 1 Umeboshi.
Den Rettich zündholzartig schneiden und mit der zerdrückten Umeboshi vermischen. 1 Stunde stehen lassen. Eventuell noch etwas Umeboshiessig beifügen.

Hirsebratlinge mit Kuzusauce:
2 Tassen Hirse, 4 Tassen Wasser, 1/2 TL Meersalz, 1 Zwiebel, 1 Karotte, 1/2 Tasse Vollweizenmehl, 1 EL Kuzu, 1/2 Tasse Wasser, 1 Tasse Kombubrühe oder Gemüsewasser.
Die Hirse waschen und mit dem Salz und Wasser zum Kochen bringen. Auf kleinster Flamme 30−40 Minuten dämpfen.
Zwiebel feinhacken, Karotte feinreiben und mit dem Vollweizenmehl unter die Hirse mischen. Im noch warmen Zustand Bratlinge formen. Auskühlen lassen und in heißem Sonnenblumenöl schwimmend ausbacken.

Das Kuzu im Wasser auflösen, zur Kombubrühe geben und einige Minuten aufkochen lassen. Mit Tamari würzen und über die fritierten Bratlinge geben.

Öl, welches zum Fritieren verwendet wird, kann man 4—5 mal verwenden. Gießen Sie es in ein Gefäß ab und geben eine Umeboshi hinein. Diese reinigt das Öl und macht es länger haltbar. Vor dem Fritieren wieder rausnehmen.

Vorbereiten für nächsten Tag:
250 g Azukibohnen waschen und mit 1 Stück Kombu einweichen. Wenn Sie Lust haben, selbst ein Brot zu backen, können Sie heute den Brotteig ansetzen.

Sauerteigbrot:
1 TL Sauerteigansatz, 1/8 kg feiner Vollweizenschrot und etwas Wasser zu einem halbflüssigen Teig anrühren. 2—3 Stunden gehen lassen.
500 g Vollweizenschrot und 500 g Roggenschrot mischen, in der Mitte eine Grube machen, den gegangenen Vorteig und 1/2 l lauwarmes Wasser, 1 TL Meersalz und 1 EL Sonnenblumenöl hineingeben. Alles zusammen ungefähr 20 Minuten kneten.
Als Variante kann man es auch mit Kümmel und gerösteten Zwiebeln würzen. In eine geölte Kastenform füllen und über Nacht gehen lassen.

Brot ohne Sauerteig:
500 g Vollweizenschrot, 500 g Roggenschrot, 1/2 l lauwarmes Wasser, 1 TL Meersalz, 1 EL Sonnenblumenöl, 1 Tasse gekochten Reis (nicht nötig).
Alles gut vermischen und 20 Minuten kneten. Über Nacht an einem warmen Ort gehen lassen.

FREITAG

Frühstück: Haferflockenbrei (oder Reis-, Gerstenflockenbrei)
　　　　　　mit Gersten-, oder Reismalz und Zimt oder
　　　　　　mit Misobällchen oder Tekka

Mittag:	Vollreis (Grundrezept)
	gebratener Tofu
	Hiziki mit Sesam
	gedünsteten Lauch.

| Abend: | Azukibohnensuppe |
| | mit Seitan und Vollweizenklößchen |

Vor dem Frühstück das Brot bei mittlerer Hitze 1 1/4 — 1 1/2 Stunden Backen.

Haferflockenbrei:
Siehe Mittwoch, 1. Woche.

Gebratener Tofu:
4 Scheiben Tofu, etwas Sesamöl, etwas Shoyu. Den Tofu im Sesamöl auf beiden Seiten anbraten, mit Shoyu würzen.

Hiziki mit Sesam:
1 Tasse Hiziki für 1 Stunde einweichen. Dann in etwas Sesamöl kurz anbraten, mit 1/2 Tasse Wasser aufgießen und auf kleiner Flamme 20 Minuten kochen lassen. Mit Shoyu würzen und gerösteten Sesam daruntermischen.

Gedünsteter Lauch:
1 Stange Lauch waschen, feinnudelig schneiden und in etwas Sesamöl anbraten. Mit Meersalz würzen und im eigenen Saft 10 Minuten garen lassen. Nach Belieben mit etwas Curry würzen.

Azukibohnensuppe:
Die eingeweichten Azukibohnen in 1 l Wasser zum Kochen bringen und 30 Minuten kochen lassen. 2 Zwiebeln feinschneiden und in etwas Sesamöl glasig dünsten. 2 Stück Seitan würfelig schneiden und zusammen mit den Zwiebeln zur Suppe geben. Weitere 30 Minuten kochen. Aus 1 Tasse Vollweizenmehl, etwas Meersalz, 1 EL Öl und etwas Wasser einen zähen Teig anrühren und davon kleine Klößchen in die Suppe abstechen. 10 Minuten mitkochen lassen, dann die Suppe mit Shoyu würzen und mit gehacktem Schnittlauch servieren.

SAMSTAG

Frühstück: Reissuppe mit Süßkürbis
              geröstete Kürbiskerne, Tekka
              Banchatee

Mittag: Vollreis mit Misozwiebeln
              Tempeh, fritiert
              Dulse mit Karotten
              gedünsteter Lauch

Abend: Weizeneintopf
              selbstgemachtes Vollkornbrot

Reissuppe mit Süßkürbis:
Kochen wie Grundrezept, die letzte halbe Stunde 1 Tasse würfelig geschnittenen Süßkürbis mitkochen.

Geröstete Kürbiskerne:
1 / 2 Tasse Kürbiskerne trocken in einer Pfanne rösten, mit Shoyu beträufeln.

Vollreis mit Misozwiebeln:
Vollreis wie Grundrezept kochen.
3 Zwiebeln in feine Halbmonde schneiden, in einer Bratpfanne mit wenig Sesamöl anbraten. Auf kleiner Flamme im eigenen Saft dünsten. 1 EL Gerstenmiso in etwas kaltem Wasser auflösen und zu den Zwiebeln geben. 20 Minuten leicht kochen lassen. Über den gekochten Reis servieren.

Tempeh, fritiert:
Tempeh in Stücke schneiden und in heißem Sonnenblumenöl knusprig fritieren. Mit Shoyu beträufeln.

Dulse mit Karotten:
1 Tasse Dulse 10 Minuten einweichen. Dann kleinschneiden und 10 Minuten in wenig Wasser kochen. 2 Karotten feinnudelig schneiden und in etwas Sesamöl anbraten. Nach 5 Minuten die Dulse dazugeben und weitere 5 Minuten mitbraten lassen. Mit Tamari würzen.

Gedünsteter Lauch:

1 Stange Lauch in große Stücke schneiden und in etwas Sesamöl anbraten. Mit 2 EL Wasser und etwas Meersalz aufgießen und 10 Minuten auf kleinster Flamme kochen lassen.

Weizeneintopf:

2 Tassen Vollweizen oder Dinkel, 2 Karotten, 2 Zwiebeln, 1 Lauch, 5 Tassen Wasser, 1 Stück Kombu.
Die Zwiebeln vierteln und die Karotten in große Stücke schneiden. Alle Zutaten außer dem Lauch im Druckkochtopf zum Kochen bringen. Auf kleiner Flamme 1 1/2 Stunden kochen lassen.
Lauch feinschneiden und unter den Weizen mischen. Weitere 5 Minuten kochen. Vor dem Servieren mit Shoyu würzen.

SONNTAG

Frühstück: Vollkornbrot oder Reiswaffeln
mit Liptauer-Tofu-Aufstrich
Karintos mit Gerstenmalz
Yannoh-Kaffee

Mittag: Seitanschnitzel
geriebener Rettich
Vollreis mit Perlgerste
Karotten mit schwarzem Fungus
Gurkensalat mit Tofudressing
Erdbeertorte

Abend: Zwiebelsuppe mit knusprigem Tofu und
gerösteten Brotwürfeln

Liptauer Tofu-Aufstrich:

1 Stück frischen Tofu, 1 rote Paprika, 1 Zwiebel, 1 Knoblauchzehe, Parikapulver, Salz.
Paprika, Zwiebeln und Knoblauch ganz fein schneiden. Zusammengeben und mit etwas Salz würzen. Tofu zerkleinern und cremig rühren oder mixen. Gemüse dazugeben und mit Paprikapulver, Salz und eventuell Pfeffer würzen.

Karintos:
1 Tasse Vollweizenmehl, 1 / 2 Tasse Buchweizenmehl, 1 / 2 Teelöffel Salz, 1 EL Sesamöl, 1/3 — 1/2 Tasse Wasser, Öl zum Ausbacken.
Alles zusammen durchmischen und circa 10 Minuten kneten. Teig auf circa 1 / 2 cm Dicke ausrollen und in circa 5 cm lange Streifen schneiden. In heißem Öl schwimmend backen, bis sie knusprig und goldbraun sind. Auf Küchenpapier abtropfen lassen.
Variation: Statt Buchweizenmehl verwenden Sie Reismehl und geben Sesamkörner dazu.

Seitanschnitzel:
4 Scheiben Seitan, etwas Vollweizenmehl, etwas Vollkornpaniermehl.
Aus dem Vollweizenmehl mit etwas Meersalz und Wasser einen dünnen Teig anrühren. Das Seitan eintauchen und im Paniermehl wenden. In heißem Sonnenblumenöl knusprig fritieren.
2 EL geriebenen weißen Rettich dazu servieren.

Vollreis mit Perlgerste:
Vollreis wie Grundrezept mit 2 EL Perlgerste zusätzlich kochen.

Karotten mit schwarzem Fungus:
2 EL schwarzer Fungus, 3 — 4 Karotten.
Den Fungus 1 Stunde in lauwarmem Wasser einweichen. Die Karotten in Stäbchen schneiden und in etwas Sesamöl anbraten. Den Fungus mit etwas Sojasauce im Einweichwasser weichkochen. Kleinschneiden und zu den Karotten mischen. Eventuell noch mit Sojasauce würzen. Mit geröstetem Sesam bestreuen.

Gurkensalat mit Tofudressing:
1 Gurke, 100 g Tofu, etwas Vollreisessig, etwas Dill, etwas Shoyu.
Die Gurke feinblättrig schneiden. Den Tofu mit Vollreisessig, Shoyu und eventuell etwas Wasser cremig mixen. Unter die Gurke mischen und mit gehacktem Dill bestreuen.

Erdbeertorte:
Bei dieser Torte können die Erdbeeren auch durch anderes Obst ersetzt werden.
Mürbeteig:
500 g Vollweizenmehl, 250 g Pflanzenmargarine, 2 EL Gersten-

oder Reismalz, 1/8 Liter kaltes Wasser, Naturvanille, etwas Meersalz, geriebene Schale einer Zitrone, 100 g geriebene Haselnüsse
Die Zutaten sollten möglichst kalt sein. Alles gut vermischen, durchkneten und für 30 Minuten in den Kühlschrank stellen. Eine geölte Obsttortenform mit dem Teig auslegen und bei 200 ° C goldbraun backen. Die Torte stürzen und mit Erdbeermarmelade und halbierten Erdbeeren belegen. Mit einem Agar-Agar-Gelee überziehen.

Agar-Agar-Gelee:
1/2 Liter Wasser mit 1/4 Päckchen Agar-Agar-Flocken zum Kochen bringen. 10 Minuten leicht kochen lassen. Mit 3 EL Reismalz süßen und etwas auskühlen lassen. Lauwarm über die Erdbeeren gießen. Beim Erkalten wird das Gelee fest.

Zwiebelsuppe:
1 Liter Wasser, 1 Stück Kombualge, 4 Zwiebeln, 1 Stück Ingwerwurzel, etwas Shoyu, 4 Scheiben Tofu, Vollkornbrotwürfel, etwas Sesamöl.
Das Wasser mit der Kombualge und dem Ingwer zum Kochen bringen und 1 Stunde kochen lassen. Die Kombualgen für nächsten Tag aufheben, den Ingwer weggeben. Die Zwiebeln fein schneiden und 15 Minuten in der Suppe mitkochen. Mit Shoyu würzen. Die Brotwürfel in etwas Sonnenblumenöl knusprig anrösten. Den Tofu in heißem Sonnenblumenöl knusprig fritieren. Die Suppe in Suppentassen füllen, die Brotwürfel hineingeben und 1 Scheibe knusprigen Tofu obenauf legen.

Die durch Beschränkung verloren haben, sind selten.

Kung Fu Tse

MONTAG

Frühstück: Reis-Haferflockensuppe
gedünstetes Blattgemüse
Umeboshi
Misobällchen, Kombualgen

Mittag:	Weißkohlrouladen
	Vollreis
	Bifun-Nudelsalat
Abend:	Grießsuppe mit Gemüse
	Sesam-Krokant

Reis-Haferflockensuppe:
Reissuppe wie Grundrezept kochen mit zusätzlich 2 EL Haferflocken.

Gedünstetes Blattgemüse:
Blattgemüse wie Mangold, Chinakohl oder Rettichblätter in wenig Salzwasser weichdünsten. Die Blätter einzeln einrollen und ausgekühlt servieren.

Kombualgen:
Die Kombualgen vom Vortag feinnudelig schneiden und unter das Blattgemüse mischen oder separat mit etwas Shoyu servieren.

Weißkohlrouladen:
6 Weißkohlblätter, in etwas Salzwasser kurz gekocht, 1/2 feingehacktes Seitan, 1 Zwiebel, halbmondförmig geschnitten, 1 Karotte, zündholzförmig geschnitten, 1 TL Öl, Sojasauce, Salz.
In heißem Öl Zwiebeln und dann Karotten dünsten. Zum Schluß Seitan dazugeben und weichdünsten. Mit Sojasauce würzen.
Dieses Gemisch in die Blätter füllen, falten und zusammenrollen. Die Rouladen in wenig Öl anbraten. Mit Kombubrühe aufgießen und zugedeckt im Rohr circa 15 bis 20 Minuten dämpfen. Rouladen in breite Stücke schneiden und so servieren.

Bifun-Nudelsalat:
1/2 Packung Bifun-Reisnudeln (nicht mit Bohnen-Glasnudeln verwechseln), eine gekochte Karotte, 1/2 Zwiebel, etwas gekochten Mangold, zerstampfte Sesamkörner.
Bifunnudeln in viel Salzwasser kochen und dann sofort abseihen und mit kaltem Wasser abschrecken.
Karotte und Zwiebel in ganze feine Streifen schneiden und mit Salz und Reisessig oder Zitrone würzen.

Gekochten Mangold gut abtropfen lassen und kleinschneiden. Alle Zutaten mit den Nudeln mischen. Sesamkörner darunter geben und mit Sojasauce und Essig beziehungsweise Zitrone nach Belieben würzen.

Grießsuppe mit Gemüse:
1 Tasse Vollweizengrieß, 2 Karotten, 2 Petersilienwurzeln, 1/2 Stange Lauch.
In 3/4 Liter Wasser die feingeschnittenen Karotten und Petersilienwurzeln zum Kochen bringen. Nach 5 Minuten den Grieß langsam einrühren. Weitere 5 Minuten kochen, dann den feingeschnittenen Lauch beifügen. 5 Minuten weiterkochen lassen, dann mit Shoyu würzen. Mit gehacktem Schnittlauch servieren.

Sesamkrokant:
250 g hellen Sesam, 5 EL Gerstenmalz
Eine allgemein bekannte und sehr beliebte Süßigkeit im Mittleren und Fernen Osten.
Gerösteten Sesam in eine Schüssel geben. Das Gerstenmalz erhitzen und unter den Sesam mischen. Der Sesam soll nur leicht mit Malz überzogen sein. Die Masse auf ein feuchtes Backblech streichen. Nach dem Erkalten in rechteckige Stücke schneiden.
Ein guter japanischer Senchatee oder Vollreistee schmecken dazu ganz herrlich.

Vorbereiten für nächsten Tag:
1 Häuptelsalat fein schneiden und mit 1/2 TL Meersalz und 1 EL Vollreisessig in die Salatpresse geben.
1/2 Tasse Lotuswurzeln einweichen.

DIENSTAG

Frühstück: Misosuppe mit Buchweizenklößchen

Mittag: salziger Hirsekuchen
           gepickelter Salat (vom Vorabend)

Abend: Vollreis
           Hiziki mit Lotuswurzeln
           gebackener Süßkürbis, Rettich-Karottensalat

Misosuppe mit Buchweizenklößchen:
1 Stück Stangensellerie, 1 Karotte, 1 Petersilienwurzel, 1/2 Tasse Buchweizenmehl, 2 TL Gerstenmiso. 1/2 Liter Wasser zum Kochen bringen, das Gemüse fein schneiden und dazugeben. 10 Minuten kochen lassen. Das Buchweizenmehl mit etwas Wasser zu einem zähen Teig anrühren und in die Suppe Klößchen abstechen. 5 Minuten mitkochen lassen. Das Miso in etwas kaltem Wasser auflösen und in die Suppe geben.

Salziger Hirsekuchen:
1 Tasse Hirse, in doppelt soviel Wasser gekocht, 1/2 Stange Lauch, in Streifen geschnitten, 1−2 Zwiebeln, fein gehackt, 1/2 Stück Tofu, 3 EL feines Vollweizenmehl, Muskatnuß.
Lauch und Zwiebel in wenig Öl andünsten, mit Salz würzen und unter die gekochte Hirse mischen.
Tofu in einer Schüssel zerquetschen, Mehl und Wasser dazugeben (dickflüssiger Brei). Mit Salz und Muskatnuß würzen, und alles unter die Hirse mischen.
In einer flachen Bratpfanne etwas Öl erhitzen und die Mischung dazugeben. Gut hineindrücken. Zugedeckt 10−15 Minuten bei mittlerer bis hoher Hitze braten lassen. Nun mit etwas Sojasauce beträufeln, das Ganze wenden und nochmals braten.

Hiziki mit Lotuswurzeln:
1/2 Tasse Hiziki, 1/2 Tasse getrocknete Lotuswurzeln, über Nacht eingeweicht und geschnitten, Sesamöl, Sojasauce.
Hiziki waschen und 1 Stunde einweichen. Etwas Öl in einer Pfanne erhitzen und Lotuswurzeln mit wenig Salz 2−3 Minuten braten. Hiziki dazugeben und 5−10 Minuten mitbraten. Nun Einweichwasser dazugeben und zusammen 40 Minuten kochen. Mit Sojasauce würzen und weiterkochen, bis keine Flüssigkeit mehr übrigbleibt.

Gebackener Süßkürbis:
Süßkürbis entkernen und 6 Scheiben davon abschneiden. Aus 1/2 Tasse Vollweizenmehl und etwas Wasser einen dünnen Teig anrühren, den Süßkürbis eintauchen und in Vollkornpaniermehl wenden. In heißem Sonnenblumenöl knusprig fritieren. Mit Sojasauce beträufeln.

Rettich-Karotten-Salat:

1 1/2 Tassen weißer Rettich, feinnudelig geschnitten, 1/2 Tasse Karotten, feinnudelig geschnitten, 1/2 TL Zitronensaft, 1 EL Sojasauce, etwas Wasser, Salz.

Rettich und Karotten mit Salz bestreuen und mit kochendem Wasser übergießen und abseihen.

Aus Zitronensaft, Sojasauce und etwas Wasser eine Sauce machen, Rettich und Karotten daruntermischen und sofort servieren.

MITTWOCH

Frühstück: Grießbrei mit Gerstenmalz und Vanille
Getreidekaffee

Mittag: Vollreis mit Kastanien
Endivien mit Sesamcreme
Vollweizen-Fu fritiert
Rettichpickle

Abend: Buchweizennudelsalat

Grießbrei:

1 Tasse Vollweizengrieß mit 2−3 Tassen Wasser und etwas Meersalz ungefähr 20 Minuten kochen lassen. Mit etwas Naturvanille und Gerstenmalz würzen. Vor dem Servieren 2−3 EL Sojamilch darübergeben.

Vollreis mit Kastanien:

2 Tassen Vollreis, 1/2 Tasse Kastanien, gebraten (oder getrocknet), 3 1/4 Tassen Wasser, 1/3 TL Meersalz.

Alle Zutaten in einen Druckkochtopf geben und zum Kochen bringen. Auf kleinster Flamme 40 Minuten kochen lassen. Den Reis gut durchmischen.

Endivien mit Sesamcreme:

1 Endiviensalat, 2 EL Tahin, 1 EL Sesamöl, 2 EL Tamari, 2 EL Wasser.

Im Sesamöl den kleingeschnittenen Endiviensalat anbraten, etwas

Wasser aufgießen und 10 Minuten zugedeckt dämpfen lassen. Tahin, Tamari und Wasser cremig rühren, zum Salat geben und weitere 10 Minuten dünsten.

Vollweizen-Fu:
4 Vollweizen-Fu Ringe, etwas Vollweizenmehl, Vollkornpaniermehl, etwas Sojasauce.
Den Fu in lauwarmen Wasser 10 Minuten einweichen. Aus Vollkornmehl, Wasser und Meersalz einen dünnen Teig anrühren, den Fu eintauchen, in Vollkornpaniermehl wenden und in heißem Sonnenblumenöl knusprig fritieren. Mit Sojasauce beträufeln.

Buchweizennudelsalat:
1 Packung Buchweizennudeln (Soba), 1 kleine Gurke, etwas Tofunaise, 1/2 Tasse gerösteten Sesam.
Die Nudeln weichkochen, mit der zündholzförmig geschnittenen Gurke vermischen. Tofunaise (siehe Donnerstag 2. Woche) und Sesam daruntermischen.

DONNERSTAG

Frühstück: Misosuppe mit gebratenen Mochi

Mittag: Vollreis
          Blumenkohl mit Brösel
          Knusprige Wakame
          Feldsalat

Abend: Milchreis
          Yannoh-Kaffee

Misosuppe:
etwas Brunnenkresse, 1 Karotte, 1 Stück Sellerie, 2 TL Gerstenmiso, 3 Stück Mochi.
In 2 Tassen Wasser die feingeschnittene Karotte und den Sellerie zum Kochen bringen, nach 5 Minuten die zerkleinerte Brunnenkresse zufügen. Nach weiteren 5 Minuten das in kaltem Wasser angerührte Gerstenmiso beimengen.

Die Mochi in kleinere Stücke schneiden und beidseitig in etwas Sesamöl braun anbraten. In die Suppe als Einlage oder separat mit etwas Sojasauce beträufelt servieren.

Blumenkohl mit Brösel:
1/2 Blumenkohl, etwas Sonnenblumenöl, Vollkornbrösel (Paniermehl).
Den Blumenkohl in Röschen teilen und in wenig Salzwasser weichkochen. Die Brösel im Sonnenblumenöl anrösten, etwas Shoyu dazugeben und den Blumenkohl 5 Minuten mitrösten.

Knusprige Wakame:
2 Streifen Wakame in heißem Öl schwimmend fritieren und dann zerstoßen.

Feldsalat:
Den Feldsalat mit einer Marinade aus 1/2 geriebenen Zwiebel, etwas Meersalz und Vollreisessig und 1 TL Mirin vermischen.

Milchreis:
1 Tasse Vollreis (Langkornreis schmeckt delikater als runder), 2 Tassen Sojamilch, 2 EL Reismalz, 1 Zimtstange, 2 Gewürznelken, geriebene Zitronenschale, etwas Meersalz.
Den Reis waschen und mit allen Zutaten auf kleiner Flamme weich kochen. Die Zimtrinde rausnehmen, den Reis mit Zimt bestreut servieren.

Vorbereiten für nächsten Tag: Spezialreissuppe einweichen (siehe nächstes Frühstück) und
1/2 Tasse Kichererbsen mit 1 Stück Kombu einweichen

FREITAG

Frühstück: Spezialreissuppe

Mittag: Vollreis mit Kichererbsen
            Noricreme
            Gurkenpickles mit Dill

Abend: Haferflockensuppe
            Obstknödel

144

Spezialreissuppe:
1/2 Tasse Vollreis, 1/2 Tasse Süßreis, 1/4 Tasse Azukibohnen, 1 EL Lotussamen, 1 kleines Stück getrocknete Tangerinschale, zirka 4 getrocknete Datteln, am besten chinesische, rote oder schwarze, 3 Schalen Wasser, Meersalz.
Alle Zutaten über Nacht einweichen. Im Druckkochtopf zirka 40 Minuten kochen. Wenn sich der Druck wieder normalisiert hat, öffnen, das Salz und noch Wasser dazugeben, damit die Suppe schön flüssig wird. Auf kleiner Flamme noch 15 − 30 Minuten köcheln lassen.
Kann heiß oder kalt gegessen werden und nach Belieben mit etwas Reismalz gesüßt werden.
Wenn Sie etwas übrig haben, geben Sie den Rest mit etwas Wasser in den Mixer und servieren ein köstliches Getränk.

Vollreis mit Kichererbsen:
Eingeweichte Kichererbsen mit 3−4 Tassen Wasser im Druckkochtopf 40 Minuten kochen. Den Vollreis wie Grundrezept kochen und mit den gekochten Kichererbsen vermischen.

Noricreme:
1/2 Packung Norialgen in Stücke brechen und mit 1−2 Tassen Wasser 10 Minuten kochen. Mit 3 EL Sojasauce und 1 EL Mirin würzen und weitere 5 Minuten kochen lassen.

Gurkenpickles:
1/2 Gurke in große Rechtecke schneiden, mit einer Marinade aus 1 Tasse Wasser, 2 EL Shoyu und 1 EL Sesamöl bedecken und 1 Stunde stehen lassen (öfters wenden).

Haferflockensuppe:
Zubereiten wie Grießsuppe (siehe Montag 3. Woche); anstelle von Grieß verwendet man Haferflocken.

Obstknödel:
1 Tasse Hirsegrieß, 2 Tassen Wasser, 1/4 TL Meersalz, etwas Naturvanille, etwas geriebene Zitronenschale, 200 g Tofu, Obst nach Belieben und 5 EL Reismalz.
Den Hirsegrieß mit dem Wasser und Salz kochen, bis sich eine dicke Masse ergibt. Mit dem Tofu und den Gewürzen vermischen.

Abkühlen lassen, Stücke davon abbrechen und mit Obst füllen (zum Beispiel Aprikosen, Pflaumen, Erdbeeren). Zu Knödeln formen und in einem Bambusdämpfer oder Dampfeinsatz 25 Minuten dämpfen. Etwas Vollkornbrösel in Sonnenblumenöl anrösten und über die Knödel geben.

Vorbereitung für nächsten Tag: 2 getrocknete (bei Frischware entfällt dies) Shiitakepilze in etwas Wasser einweichen.

SAMSTAG

Frühstück: Misosuppe mit Shiitake
Haferflockenbratlinge

Mittag: Gebratene Buchweizennudeln
Wakame-Salat

Abend: Vollreis
Blumenkohlcremesuppe
Tofu-Sandwich

Misosuppe mit Shiitake:
1 Zwiebel, 2 eingeweichte Shiitake, etwas Mangold, 2 TL Gerstenmiso
In 2 Tassen Wasser die feingeschnittene Zwiebel zum Kochen bringen (man kann dazu das Einweichwasser der Shiitake nehmen).
Von den Shiitake die Stiele entfernen (nicht zum Genuß geeignet) und die Hüte feinnudelig geschnitten zu den Zwiebeln geben.
Nach 10 Minuten Kochzeit den feingeschnittenen Mangold beifügen und weitere 5 Minuten kochen lassen. Das Gerstenmiso in etwas kaltem Wasser anrühren und die Suppe damit würzen.

Haferflockenbratlinge:
1 Tasse feine Haferflocken, 1 Karotte gerieben, 1 Zwiebel feingehackt, etwas Shoyu, feingehackte Petersilie.
Die Haferflocken mit den übrigen Zutaten mischen und mit soviel lauwarmen Wasser aufgießen, bis eine weiche formbare Masse entsteht. Bratlinge formen und in etwas Sonnenblumenöl langsam beidseitig anbraten.

Gebratene Buchweizennudeln:

1 Packung Buchweizennudeln, 2 Karotten, 1/2 Stange Lauch
2 Scheiben Tofu, 2 EL gerösteten Sesam
Die Buchweizennudeln weichkochen. Den Tofu in heißem Sonnenblumenöl schwimmend fritieren. Das Gemüse fein schneiden und in Sonnenblumenöl anbraten, mit Shoyu würzen und die gekochten Nudeln beifügen. Weitere 5 – 10 Minuten zusammen langsam braten. Zum Schluß Tofu feingeschnitten und Sesam daruntermischen.
Sie können die Buchweizennudeln kaufen oder selber machen. Die selbstgemachten schmecken ganz lecker.
1 1/2 Tassen Buchweizenmehl, 1 1/2 Tassen Vollweizenmehl, 1 Tasse Wasser, 2 Teelöffel Öl (am besten Distelöl), 1 Teelöffel Meersalz.
Alle Zutaten zu einem festen Teig kneten, auf bemehltem Brett rechteckig ausrollen, mit Mehl bestäuben und vierfach zusammenfalten. Sodann in feine Spaghettistücke schneiden. Die Nudeln in kochendes Wasser geben (ungesalzen), zum Aufkochen bringen und 1 Schale kaltes Wasser dazugeben. Diesen Vorgang zweimal wiederholen, immer kaltes Wasser nachgießen. Nudeln abseihen und sofort mit kaltem Wasser abschrecken.

Wakame-Salat:
2 Streifen Wakame in etwas Wasser 10 Minuten kochen. Dann kleinschneiden und mit etwas feingeschnittener Gurke mischen. Mit Vollreisessig, Tamari und Mirin würzen.

Blumenkohlcremesuppe:
1 Blumenkohl, etwas Shoyu, etwas weißer Pfeffer.
Den Blumenkohl in Röschen teilen und in 1/2 Liter Wasser weichkochen. Im Mixer pürieren, mit Shoyu und Pfeffer würzen.

Tofu-Sandwich:
6 Stück getrockneter Tofu, 2 Tassen Kombubrühe oder Gemüsewasser, 1/4 TL Salz, 2 EL Sojasamen, 1–2 Karotten in diagonale Scheiben geschnitten und halbweich gekocht, 1 EL feines Vollweizenmehl, 1 EL Wasser, 2 Blätter Nori.
Getrockneten Tofu in kochendes Wasser geben und 3 Minuten kochen, unter fließend kaltes Wasser geben und zwischen den Händen ausdrücken.

Kombubrühe, Salz und Tamari zum Kochen bringen, Tofu hineingeben und zugedeckt 20 Minuten kochen lassen. Nachdem der Tofu ausgekühlt ist, ausdrücken, mit den Karottenscheiben belegen und eine 2. Scheibe Tofu darüberlegen. Nori in der Breite des Tofus in Streifen schneiden und Tofusandwich damit umwickeln. Das Noriende anfeuchten und ankleben. In heißem Sonnenblumenöl fritieren, diagonal durchschneiden, so daß man 2 Dreiecke erhält.

Vorbereitung für nächsten Tag: 250 g weiße Bohnen mit 1 Stück Kombu einweichen.

Früchtebrot:
1 kg Vollweizenmehl, 1/2 Liter lauwarmes Wasser, etwas Meersalz, 1/2 Tasse Rosinen, 1/2 Tasse geröstete und gehackte Mandeln, 1/2 Tasse geröstete und gehackte Haselnüsse, 1 Tasse getrocknete Pflaumen, 1 Tasse getrocknete Birnen, 1 TL Zimt, 1 TL Naturvanille, geriebene Schale einer Zitrone oder Orange, 1 TL Sauerteiggrundsatz (nicht notwendig).
Die Früchte in 1/2 Liter lauwarmem Wasser 2 Stunden einweichen und dann mit etwas Salz 15 Minuten kochen. Etwas auskühlen lassen und zerkleinern, noch lauwarm die übrigen Zutaten dazumischen und den Teig ca. 10 Minuten kneten. Den Teig in eine geölte und mit halbierten Mandeln ausgelegte Kastenform geben und zugedeckt 12—16 Stunden rasten lassen.

SONNTAG

Frühstück: Müsli mit Sojamilch
Vollkornbrot mit Tofuaufstrich
Banchatee

Mittag: Vollreis
Weiße Bohnensuppe mit Seitan
Früchtebrot

Abend: Cous Cous
Französischer Salat

Vor dem Frühstück das Früchtebrot ins Backrohr geben und bei mittlerer Hitze 1—1 1/2 Stunden backen.

Müsli mit Sojamilch:
1 Tasse Müsli mit 2 Tassen Sojamilch und 2 EL Reismalz vermischen und gut durchziehen lassen. Achten Sie beim Müslikauf darauf, daß weder Milchpulver noch Frucht- oder Rohrzucker enthalten ist.
Oder Sie mischen sich das Müsli selbst aus feinen Haferflocken, Gersten- und Reisflocken, Sesam, Rosinen und Nüssen.

Tofuaufstriche können Sie fertig kaufen oder selber machen, indem Sie Tofu pürieren und mit Kräutern und Sojasauce würzen.

Weiße Bohnensuppe:
Die über Nacht eingeweichten weißen Bohnen in 1 Liter Wasser 40 Minuten kochen. Dann 1/2 rote und 1/2 grüne Paprika fein schneiden und beifügen. Ebenso 1/2 Tasse feinwürfelig geschnittenes Seitan. 10 Minuten kochen lassen, dann mit Paprikapulver und Sojasauce würzen.

Cous Cous
2 Tassen Cous Cous in einem Topf trocken rösten, bis es heiß ist. Inzwischen Wasser mit 1 TL Meersalz und 1 EL Öl erhitzen. Mit dem kochenden Wasser das Cous Cous schöpflöffelweise aufgießen, bis es ganz feucht ist. Dabei ständig umrühren. Dann auf kleinster Flamme 30 Minuten quellen lassen.

Französischer Salat:
1 Karotte, 1 Süßkartoffel, 2 Essiggurken (ohne Zucker), 1/2 Tasse frische Erbsen (oder kleingeschnittene grüne Bohnen), etwas Tofunaise.
Die Karotte und die geschälte Süßkartoffel würfelig schneiden und mit den Erbsen weichdünsten. Die Essiggurken hacken und mit dem Gemüse mischen. Tofunaise daruntermischen.

Vorbereitung für nächsten Tag:
2 EL Azukibohnen mit 1 Stück Kombu einweichen

Chinakohl-Ölpickles:
5 Chinakohlblätter, 1 große Karotte, 3 EL Öl, 2 EL Reisessig, 1 TL Meersalz.
Das Gemüse waschen und in feine Streifen schneiden. Das Salz

dazugeben und vermischen. Öl erhitzen und Reisessig dazugeben. Wenn es kocht, vom Feuer nehmen. Das Gemüse in eine Salatpresse geben, mit dem noch warmen Öl-Essig-Gemisch übergießen, Salatpresse schließen und das Gemüse unter Druck setzen.

Die Sache ist nur die, daß man begreife, worin das wahre Heil liegt.

Tolstoi

4. Woche

MONTAG

Frühstück: Misosuppe mit Bifunnudeln

Mittag: Vollreis mit Azukibohnen
Tofu paniert
Mangold gedünstet
Kombupickles

Abend: Polentakroketten
Chinakohl-Ölpickles (am Vortag zubereitet)

Misosuppe mit Bifun (Reisnudeln):
2 EL Dulse, 1 Karotte, 1 Stück Sellerie, 1 Stück Lauch, 1 TL Reismiso, 1 TL Hatchomiso, etwas Bifunnudeln.
2 Tassen Wasser mit der Dulse und dem feingeschnittenen Wurzelgemüse zum Kochen bringen. Nach 10 Minuten die Bifunnudeln und den feingeschnittenen Lauch dazugeben. Weitere 10 Minuten kochen. Das Reis- und Hatchomiso in etwas kaltem Wasser auflösen und die Suppe damit würzen.

Vollreis mit Azukibohnen:
Die am Vorabend eingeweichten Azukibohnen mit 2 Tassen Wasser ungefähr 30 Minuten kochen. Dann unter den gekochten Vollreis (Grundrezept) mischen.

Tofu paniert:
4 Scheiben Tofu, 1/2 Tasse Vollweizenmehl, 1 EL Pfeilwurzel-

mehl, etwas Vollkornpaniermehl.
Aus dem Vollweizenmehl, Pfeilwurzelmehl und etwas Wasser
einen dünnflüssigen Teig machen. Tofu darin eintauchen und im
Paniermehl wenden. In heißem Sonnenblumenöl knusprig fritieren.
Mit Shoyu beträufeln und mit 2 EL geriebenem, weißen Rettich
servieren.

Mangold gedünstet:
Mangoldblätter waschen, kleinschneiden und in etwas Sesamöl
weich dünsten. Mit Meersalz würzen.

Kombupickles:
Die Kombualgen vom Vortag in kleine Quadrate schneiden, in
etwas Sesamöl anbraten, mit etwas Wasser und Shoyu aufgießen
und weichdünsten. Die Flüssigkeit sollte verdampft sein.

Polentakroketten:
1 Tasse Maisgrieß (Polenta), 1 TL Maiskeimöl, 4 Tassen kochendes Wasser, 1 / 4 TL Meersalz
In einem Topf das Öl erhitzen, Polenta darin 5 Minuten rösten, mit
dem gesalzenen kochenden Wasser aufgießen und 30 Minuten auf
kleinster Flamme dämpfen.
1 / 2 Tasse Zwiebel, feingehackt, 1 / 2 Tasse Vollweizenmehl und
etwas Meersalz mit der ausgekühlten Polenta vermischen. Kroketten daraus formen und in heißem Sonnenblumenöl knusprig fritieren. Mit Shoyu beträufeln.

DIENSTAG

Frühstück: Vollkornbrot, Reiswaffeln oder Vollkornzwieback
          mit Gerstenmalz
          Yannoh-Kaffee

Mittag: Vollreis
          Indische Linsensuppe (Dal)
          Zwiebel-Tempura
          Rettichpickles
Abend: Kombubrühe mit Shiitake und Buchweizennudeln

Indische Linsensuppe:
250 g rote Linsen, 1 Lorbeerblatt, etwas Curry, etwas Tamari.
Die Linsen gut waschen und mit dem Lorbeerblatt und 1 Liter
Wasser zum Kochen bringen. 1 Stunde kochen lassen und mit
Curry und Tamari würzen.

Zwiebel-Tempura.
2 Zwiebeln in Scheiben schneiden. Aus 1/2 Tasse Vollweizenmehl und etwas Wasser einen zähflüssigen Ausbackteig machen,
die Zwiebeln darin eintauchen und in heißem Sonnenblumenöl
fritieren. Auf Küchenpapier abtropfen lassen und mit Tamari
beträufelt servieren.

Kombubrühe mit Shiitake und Buchweizennudeln (Soba):
Eine Kombubrühe wie Grundrezept zubereiten, nur 2 Shiitake
mitkochen. Danach die Stiele von den Pilzen entfernen und die
Hüte nudelig schneiden. Wieder in die Suppe geben.
Als Einlage separat gekochte Buchweizennudeln servieren. Mit
gerösteten Nori bestreuen.

Vorbereitung für nächsten Tag: 1 Tasse Lotuswurzeln in 2 Tassen
Wasser einweichen.

MITTWOCH

Frühstück: Reissuppe mit Kombupulver
Walnußmiso
Banchatee

Mittag: Vollreis
gebackene Lotuswurzeln
geriebener Rettich
Aramesalat

Abend: Kombubrühe mit Perlgerste
Sesamgelee und Früchtesalat (vom Sonntag 3.
Woche)

Reissuppe wie Grundrezept zubereiten, mit Kombupulver
bestreut servieren.

Walnußmiso:
1/4 Tasse Miso, 1/4 Tasse Wasser, 1/2 Tasse feingehackte Walnüsse.
Die Walnüsse in einer Pfanne trocken rösten, das Miso mit dem Wasser auflösen und zu den Nüssen geben. Kurz anbraten.

Gebackene Lotuswurzeln:
Die eingeweichten Lotuswurzeln 30 Minuten im Drucktopf kochen. Einen zähflüssigen Backteig aus Vollweizenmehl und Wasser bereiten, die Lotuswurzeln auf einem Reibeisen hineinreiben und löffelweise kleine Häufchen davon in heißem Sonnenblumenöl schwimmend ausbacken.
Dazu geriebenen weißen Rettich servieren.

Aramesalat:
1 Tasse Arame waschen und 10 Minuten in einem Topf mit wenig Wasser kochen. Danach mit Vollreisessig, Mirin, Shoyu und Wasser würzen und mit gerösteten Sonnenblumenkernen bestreuen.

Kombubrühe mit Perlgerste:
1/2 Tasse Perlgerste mit 1—1 1/2 Tassen Wasser und etwas Meersalz weichkochen. Eine Kombubrühe laut Grundrezept zubereiten, die Perlgerste als Einlage servieren. Mit gehacktem Schnittlauch garnieren.

Sesamgelee:
1 Tasse Tahin, 1 Tasse Kuzu, 1 Tasse Wasser.
Kuzu im Wasser auflösen, Tahin dazurühren und zum Kochen bringen. Auf kleiner Flamme unter ständigem Umrühren 20—30 Minuten kochen lassen. In eine ausgespülte Form füllen. Wenn erkaltet, in rechteckige Würfel schneiden und mit etwas geriebenem Ingwer und Sojasauce servieren.
Damit es recht appetitlich ausschaut, können Sie diesen braunen Würfel auf einem grünen Blatt servieren.

Variation: anstatt Kuzu verwenden Sie Agar-Agar
1 Schale Tahin, 1/2 Packung Agar-Agar Flocken, 3/4 Liter Wasser.
Agar-Agarflocken in Wasser kochen bis sie sich aufgelöst haben.

Sesampaste dazugeben und unter ständigem Umrühren noch 5 Minuten kochen lassen. In eine Form geben und auskühlen lassen. Agar-Agar braucht 1−2 Stunden bis es geleeartig geworden ist. Wie oben servieren.

Vorbereiten für nächsten Tag: 2 EL Lotussamen einweichen

DONNERSTAG

Frühstück: Haferflockenbrei mit Gerstenmalz und Zimt
Getreidekaffee

Mittag: Vollreis mit Lotussamen
Knuspriges Seitan
Dulsesalat mit Gemüse

Abend: Spaghetti mit Karottensauce
Gomasio

Haferflockenbrei zubereiten wie Mittwoch 1. Woche

Vollreis mit Lotussamen:
1 Tasse Vollreis mit den eingeweichten Lotussamen und 2 1/2 Tassen Wasser im Druckkochtopf zusammen mit 1 Stückchen Umeboshipflaume 40 Minuten auf kleiner Flamme kochen.

Knuspriges Seitan:
6 Stück Seitan in Pfeilwurzelmehl wenden und dann in heißem Sonnenblumenöl knusprig fritieren. Abtropfen lassen und mit Shoyu beträufeln.

Dulsesalat mit Gemüse:
1 Tasse Dulse in wenig Wasser für 10 Minuten kochen. 1 feinge-schnittene Karotte und Petersilienwurzel in wenig Salzwasser weichkochen. Unter die gekochte Dulse mischen. Einige frische Keimlinge (Sojabohnen oder Mungbohnen) dazugeben und mit Vollreisessig, Umeboshiessig und Mirin würzen.

Spaghetti mit Karottensauce:
1 Packung Vollweizenspaghetti oder Sojaspaghetti kochen.

8 Karotten in Stücke schneiden und in 1 / 2 Liter Wasser weichkochen. Im Mixer pürieren, 1 Knoblauchzehe fein hacken und zu den Karotten geben. Kurz aufkochen lassen und mit Oregano und Shoyu würzen.

Gomasio:
Sie können Gomasio fertig kaufen oder selber machen.
10 EL Sesamkörner, 1 EL Meersalz.
(Verhältnis je nach Salzbedarf, nicht zu salzig)
In einer schweren Pfanne auf mittlerer Hitze Sesamkörner unter ständigem Umrühren goldgelb rösten, bis sie „springen". Salz separat kurz rösten.
Die ganze Mischung noch warm in einem Mörsel (Suribachi) gut zerstampfen (kann, gut verschlossen, aufbewahrt werden).

Vorbereitung für nächsten Tag: 1 Tasse Azukibohnen mit 1 Stück Kombu einweichen.

FREITAG

Frühstück: heiße Mandelmilch
Reiswaffeln oder Vollkornbrötchen

Mittag: Vollreis (doppelte Menge kochen für nächstes Frühstück)
Tempeh, paniert
Azukibohnensalat
Arame mit Lauch und Karotten

Abend: Buchweizennudeln (Soba) mit Kuzu-Gemüse-Sauce
Gebackene Apfelspalten

Heiße Mandelmilch:
1 / 2 Liter Sojamilch mit 2 EL Mandelmus und 2 EL Reismalz mixen und dann erhitzen.

Tempeh, paniert:
4 Scheiben Tempeh in einen dünnflüssigen Ausbackteig aus Vollweizenmehl und Wasser tauchen und in Vollkornpaniermehl

wenden. In heißem Sonnenblumenöl goldbraun fritieren. Mit Shoyu beträufeln.

Azukibohnensalat:
Die eingeweichten Azukibohnen mit 1 / 2 Liter Wasser 30 Minuten im Drucktopf kochen, dann noch warm mit 1 / 2 Tasse feingehackten Zwiebeln, Vollreisessig, Mirin und Shoyu vermischen.

Arame mit Lauch und Karotten:
1 Tasse Arame waschen und 10 Minuten in wenig Wasser weichkochen. Inzwischen 1 Karotte in etwas Sesamöl anbraten, etwas feingeschnittenen Lauch nach 5 Minuten beifügen und weitere 5 Minuten mitbraten. Die gekochten Aramealgen dazugeben, mit Shoyu würzen und 10 Minuten auf kleinster Flamme ziehen lassen.

Buchweizennudeln mit Kuzu-Gemüse-Sauce:
1 Packung Buchweizennudeln kochen.
In 1 / 2 Liter Wasser 1 feingeschnittene Karotte, 1 feingeschnittene Petersilienwurzel 5 Minuten kochen. Dann etwas feingeschnittenen Chinakohl dazugeben. 1 EL Kuzu in etwas Wasser auflösen und nach 5 Minuten zum Gemüse geben. Einige Minuten unter Rühren kochen, dann mit Shoyu würzen. Die Sauce über die gekochten Nudeln geben und mit geröstetem Sesam bestreuen.

Gebackene Apfelspalten:

2 Äpfel vierteln, einen zähflüssigen Ausbackteig aus Vollweizenmehl und Wasser bereiten, die Äpfel eintauchen und in heißem Sonnenblumenöl schwimmend ausbacken. Mit Zimt bestreuen und mit etwas Gerstenmalz servieren.
SAMSTAG

Frühstück: Misosuppe
Reisdreiecke mit Nori

Mittag: gebratene Vollkornhörnchen
Hizikisalat mit Rettich

Abend: Süße Hirse mit Äpfeln

Misosuppe:
1 Stück weißer Rettich, 1 Karotte, 1 Stück Lauch, 2 TL Gerstenmiso.
In 2 Tassen Wasser den feingeschnittenen Rettich und die in Blumenform geschnittene Karotte zum Kochen bringen. Nach 5
Minuten den feingeschnittenen Lauch beifügen. Das Gerstenmiso in etwas kaltem Wasser anrühren und nach weiteren 5 Minuten Kochzeit die Suppe damit würzen.

Reisdreiecke mit Nori:
Aus dem gekochten Reis vom Vortag mit feuchten Händen
Dreiecke formen. Ein Noriblatt auf einer Seite über offener
Flamme rösten, diagonal durchschneiden. Die Reisdreiecke in je
ein Noridreieck eindrehen, die Enden mit Wasser befeuchten und
ankleben.

Gebratene Vollkornhörnchen:
1/2 Packung Vollkornhörnchen kochen.
In etwas Sesamöl 3 feingeschnittene Chinakohlblätter anbraten,
die gekochten Hörnchen dazugeben und 10 Minuten auf kleiner
Flamme braten. 2 Stück Seitan würfelig schneiden und in heißem
Sonnenblumenöl fritieren. Unter die gebratenen Hörnchen
mischen. Mit Shoyu würzen.

Hizikisalat mit Rettich:
Zubereiten wie Freitag 1. Woche, nur noch etwas feingeschnittenen, weißen Rettich daruntermischen.

Süße Hirse mit Äpfeln:
2 Tassen Hirse, 4 Tassen Wasser, etwas Meersalz, 4 EL Rosinen,
etwas Naturvanille, Zimt, etwas geriebene Zitronenschale, 4 EL
Reismalz, 4 Äpfel.
Die Hirse waschen und mit dem Wasser, Meersalz, Rosinen und
Zitronenschale kochen. Inzwischen die Äpfel entkernen und feinblättrig schneiden. Mit dem Reismalz, Zimt und Naturvanille vermischen. In eine geölte Auflaufform die Hälfte der gekochten
Hirse geben, mit den Äpfeln belegen und der restlichen Hirse
bedecken. 40 Minuten bei mittlerer Hitze backen.

Vorbereiten für nächsten Tag:
5 Chinakohlblätter, feingeschnitten, 1 EL Umeboshiessig, Schale einer hellen Zitrone, feingeschnitten, 1 EL Mirin, 1/2 TL Meersalz. Alles zusammen in eine Salatpresse geben.

SONNTAG

Frühstück: Mochi fritiert mit selbstgemachten Pickles
Yannoh mit Sojamilch
Vollkornbrötchen mit Carobaufstrich

Mittag: Vollreis
Hackbraten
knusprige Kombu
Gurkensalat

Abend: Gemüseaspik, Vollkornbrot
gedämpfte Pflaumentäschchen

Mochi, fritiert
4 Stück Süßreis-Mochi in kleinere Stücke schneiden. Jedes mit einem Streifen Nori umwickeln (Ende mit Wasser ankleben) und in heißem Sonnenblumenöl knusprig fritieren. Mit Sojasauce beträufeln.

Hackbraten:
250 g Seitan, 2 Scheiben Vollkorntoastbrot, 2 Zwiebeln, 1 Knoblauchzehe, weißer Pfeffer, Shoyu.
Das Seitan und das Toastbrot zusammen durch einen Fleischwolf drehen. Zwiebeln und Knoblauch fein hacken und in etwas Sesamöl anbraten. Zur Masse geben, diese mit weißem Pfeffer und Shoyu würzen und zu einem Braten formen. Wenn die Masse zu weich ist, mit etwas Vollweizenmehl binden. In eine geölte Backform geben und bei 180° C 25 Minuten im Backrohr braten.

Knusprige Kombu:
Kombualge in feine Streifen schneiden und in heißem Sonnenblumenöl knusprig ausbacken.

Gurkensalat:
1 Gurke feinblättrig schneiden und mit Vollreisessig, Mirin und Shoyu würzen.
2. Variante: Mit einer Marinade aus 3 EL Tahin, 1 EL Miso, 3 EL Wasser und 3 EL Zitronensaft anmachen.

Wenn Zeit dazu ist, wäre es gut, das Gemüseaspik schon zu Mittag zu richten, da es 2 Stunden zum Festwerden braucht.

Gemüseaspik:
1 Karotte, einige Blumenkohlröschen, 50 g Tofu, 50 g Seitan, etwas Petersilie, etwas Sesam, 1/4 Packung Agar-Agar-Flocken, 2 EL Shoyu, 1 EL Mirin, 1 EL frischer Ingwersaft.
1/2 Liter Wasser zum Kochen bringen, die Karotte in Blumenform schneiden und zusammen mit den Blumenkohlröschen ins Wasser geben. Den Tofu und das Seitan würfelig schneiden und ebenfalls dazugeben. Die Agar-Agar-Flocken einrühren und 10 Minuten kochen lassen. Den Sesam und die gehackte Petersilie dazugeben, mit Shoyu, Mirin und Ingwersaft würzen.
In eine ausgespülte Kastenform füllen und kalt stellen. Das Agar-Agar wird nach dem Erkalten fest wie Gelee. In 2 cm dicke Scheiben schneiden und servieren. Eventuell mit einer Marinade aus feingehackten Zwiebeln, Olivenöl, Vollreisessig und Shoyu servieren.

Gedämpfte Pflaumentäschchen:
Aus 250 g feinem Vollweizenmehl, etwas Sonnenblumenöl, Meersalz und Wasser einen geschmeidigen Teig machen. Ausrollen, Kreise ausstechen und jeden mit etwas Pflaumenmus (ohne Zucker) füllen. Die Kreise zusammenklappen und den Rand mit einer Gabel eindrücken. Im Bambusdämpfer oder im Dampfeinsatz 20 Minuten dämpfen.
Vollkornbrösel in etwas Sonnenblumenöl anrösten und die Täschchen darin wenden. Mit Zimt bestreut servieren.

Vorbereiten für nächsten Tag: 1 Tasse Schwarzbohnen mit 1 Stück Kombu einweichen.

Über Vergangenes mach dir keine Sorge, dem Kommenden wende dich zu.

Tseng-Kuang

MONTAG

Frühstück: Reissuppe
Umeboshi
Schwarzes Gomasio, geröstete Nori

Mittag: Hirse
Schwarzbohnensalat
Seitan-Spießchen

Abend: Hirsekroketten
Rettichgemüse

Hirse:
3 Tassen Hirse gut waschen, mit 5 Tassen Wasser und etwas Meersalz aufkochen lassen und bei kleinster Hitze 30 Minuten kochen lassen. Die Hälfte vom Getreide für abends lassen.

Schwarzbohnensalat:
Die eingeweichten Schwarzbohnen im Druckkochtopf mit 1/2 Liter Wasser 40 Minuten kochen. Dann noch warm mit 1/2 Tasse fein gehackter Zwiebel mischen. Eine Marinade aus Umeboshiessig, Mirin und Vollreisessig machen und unter die Bohnen mischen. Auskühlen lassen und mit gehackter Petersilie servieren.

Seitan-Spießchen:
Seitan in Stücke schneiden und in heißem Sonnenblumenöl knusprig fritieren. Abwechselnd 1 Stück Seitan und 1 Stück Gurke auf Spießchen stecken. Etwas biologischen Senf oder Tofunaise dazu servieren.

Hirsekroketten:
Die Hirse gut durchkneten und mit feuchten Händen Kroketten formen. Mit einem Streifen Nori umwickeln, das Noriende anfeuchten und ankleben. In heißem Sonnenblumenöl fritieren. Mit Tamari beträufeln.

Rettichgemüse:
1 Bierrettich in Scheiben schneiden, in die Scheiben Kerben als Muster einschneiden. Die Rettichscheiben in etwas Sesamöl anbraten, mit etwas Wasser aufgießen, salzen und auf kleiner Flamme weich dünsten.

DIENSTAG

Frühstück: Amazake-Getränk
Reiswaffeln oder Vollkornbrot
mit Gerstenmalz oder Miso-Tahinaufstrich

Mittag: Vollreis (doppelte Portion für Abend kochen)
geröstete Sonnenblumenkerne
Misosuppe mit Wakame und Schwarzwurzeln
fritierte Karottenscheiben
Wasabi

Abend: Bratreis
geröstete Nori
schwarzes Gomasio
Rettichpickle
Löwenzahnwurzelkaffee

Amazake-Getränk:
1 Tasse Amazake und 2 Tassen Wasser aufkochen lassen und sofort servieren.

Miso-Tahin-Aufstrich:
1/2 Zwiebel, 4 EL Tahin, 1 EL Gerstenmiso, etwas Sesamöl.
Die feingehackte Zwiebel im Sesamöl andünsten. Tahin, Miso und etwas Wasser cremig rühren und zur Zwiebel geben. 5—10 Minuten mitbraten lassen.

Misosuppe mit Wakame und Schwarzwurzeln:
1 Streifen Wakame, 2 Schwarzwurzeln, 1 Petersilienwurzel, 2 TL Gerstenmiso.
Die Wakame kurz einweichen, dann in feine Streifen schneiden und mit 2 Tassen Wasser zum Kochen bringen. Die Schwarzwurzeln waschen und die schwarze Oberfläche abschaben. In 2 cm große Stücke schneiden und zur Suppe geben. Ebenso die blättrig

geschnittene Petersilienwurzel. 10 Minuten kochen lassen, dann das in etwas Wasser angerührte Miso zufügen.

Fritierte Karottenscheiben:
4 Karotten in große diagonale Scheiben schneiden. Einen Ausbackteig aus Vollweizenmehl und Wasser anrühren, die Karottenscheiben eintauchen und in heißem Sonnenblumenöl fritieren. Mit Tamari beträufeln. 2 EL geriebenen, weißen Rettich dazu servieren.

Wasabi:
Dies ist eine Art japanischer Meerrettich in Pulverform. 1 Beutel davon mit etwas Wasser zu einer Paste rühren. Sehr scharf!

Bratreis:
Einen Bratreis wie Dienstag, 1. Woche zubereiten. Nur das Gemüse variieren, und zwar 2 Chinakohlblätter, 1 Karotte, 1 Zwiebel.

MITTWOCH

Frühstück: Misosuppe mit Shonai-Fu

Mittag: Tofuburger
            Feldsalat

Abend: Vollreis
            Rosenkohlcremesuppe, Rettichpickle, knusprige Wakame
            Azukikanten

Misosuppe mit Shonai-Fu:
einige Broccoliröschen, 1 Stück Sellerie, 1 Karotte, 2 TL Reismiso 1 Shonai-Fu Blatt.
In 2 Tassen Wasser Broccoli, feingeschnittenen Sellerie und Karotte zum Kochen bringen. Nach 15 Minuten das in kaltem Wasser angerührte Miso zur Suppe geben. Den Shonai-Fu in kleine Stücke brechen und vor dem Servieren 5 Minuten in der Suppe ziehen lassen.

Tofuburger:
2 Vollkornbrötchen, 2 Scheiben Tofu, etwas biologischen Senf, etwas Shoyu, 2 Salatblätter.
Den Tofu in heißem Sonnenblumenöl fritieren. Mit Shoyu beträufeln. Vollkornbrötchen aufschneiden, mit Senf bestreichen und mit Tofuscheiben und Salatblatt belegen. Brötchendeckel wieder aufsetzen.

Feldsalat:
Feldsalat mit einer Marinade aus Vollreisessig, Mirin, etwas zerdrücktem Knoblauch, Shoyu und Wasser mischen.

Rosenkohlcremesuppe:
2 Tassen Rosenkohl, 1 EL Sesamöl, 1 EL Vollweizenmehl, 3 Tassen Wasser, Tamari.
Rosenkohl in Salzwasser kochen und pürieren. Das Mehl in heißem Öl anrösten, mit dem Wasser aufgießen und aufkochen lassen. Die pürierten Kohlsprossen beifügen und 10 Minuten kochen. Mit Tamari würzen. Zum Servieren mit schwarzem Sesam bestreuen.

Knusprige Wakame siehe Donnerstag 3. Woche

Azukikanten:
1 Tasse Azukibohnen, zirka 6 EL Reismalz oder mehr (es sollte sehr süß sein), 1/2 Packung Agar-Agar-Flocken, Wasser, Salz.
Azukibohnen zu einem dickflüssigen Brei zerkochen (wenn Sie wollen, pürieren). Agar-Agar in so wenig Wasser wie möglich kochen bis er sich gänzlich aufgelöst hat. Reismalz zugeben, leicht salzen und unter die Azukibohnen mischen. Noch 5 Minuten gemeinsam kochen lassen.
In eine viereckige Form füllen und auskühlen lassen. In rechteckige Stücke schneiden und kühl servieren. Dazu heißen, grünen, japanischen Tee reichen.

DONNERSTAG

Frühstück: Grießbrei mit Zimt und Gerstenmalz
Getreidekaffee

Mittag: Vollreis
braune Linsen
getrockneter Tofu, paniert
gedünsteten Lauch
Ingwer–Pickles

Abend: Reisauflauf
Yannoh-Kaffee oder Apfelkompott

Grießbrei:
Zubereiten wie Mittwoch 3. Woche, nur mit Zimt anstelle von Vanille. Mit gerösteten und gemahlenen Haselnüssen bestreut servieren. 1 Löffel Carobaufstrich.

Braune Linsen:
1 Tasse braune Linsen in 1 / 2 Liter Wasser kochen bis sie gar sind. 1 EL Pfeilwurzelmehl mit etwas kaltem Wasser anrühren und zu den Linsen geben. 10 Minuten mitkochen lassen und mit Shoyu würzen.

Getrockneter Tofu, paniert:
6 Scheiben getrockneten Tofu in wenig lauwarmen Wasser 10 Minuten einweichen. Aus Vollweizenmehl und Wasser einen dünnen Teig anrühren. Den Tofu mit den Händen auspressen, in den Teig tauchen und in Vollkornpaniermehl wenden. In heißem Sonnblumenöl knusprig fritieren. Mit Tamari beträufeln.

Gedünsteter Lauch:
1 Stange Lauch in feine Streifen schneiden, in etwas Sesamöl anbraten, etwas Meersalz zufügen und im eigenen Saft weichdünsten.

Ingwer-Pickles gibt es fertig zu kaufen. Dies sind milchsauer vergorene Ingwerscheiben.

Reisauflauf:
1 Tasse Vollreis, 2 Tassen Sojamilch, 1 / 2 Tasse Rosinen 50 g Pflanzenmargarine, 1 Tasse Reismalz, etwas Zimt, geriebene Zitronenschale, etwas Meersalz, 200 g Tofu.

Den Reis mit der Sojamilch, Zitronenschale, Zimt und Meersalz kochen. Die Margarine, Rosinen und Reismalz unter den gekochten Reis mischen. Den Tofu mit etwas Wasser im Mixer pürieren und ebenfalls zum Reis geben. In eine geölte Kastenform geben und 30 Minuten bei 250°C backen.

Vorbereitungen für nächsten Tag:
2 Shiitake in einer Tasse Wasser einweichen.

Probieren Sie, selbst **Joghurt aus Sojamilch** zu machen:
1 Liter Sojamilch auf 45° C erhitzt, 1 Beutel Joghurt-Bio-Ferment (im Reformhaus erhältlich).
Das Joghurt-Ferment in die Sojamilch einrühren und in die Gläser füllen. 12−24 Stunden an einem warmen Ort stehen lassen. Bis zum Verzehr dann in den Kühlschrank stellen. Vom selbstbereiteten Joghurt immer 2−3 Eßlöffel aufheben und damit neuen ansetzen.

FREITAG

Frühstück: Reissuppe, Streunori, Tekka, Misobohnen
Banchatee

Mittag: Vollreis mit Shisoblättern
Zwiebeln mit Shiitake
rohes Sauerkraut
knuspriger Vollweizen-Fu

Abend: Karottencremesuppe mit Miso
geröstete Brotwürfel oder Vollreis-Crisps
gemixte und süße Reissuppe

Etwas mehr Reissuppe am Morgen kochen und damit die Nachspeise für den Abend machen.

Gemixte, süße Reissuppe:
2 Tassen Reissuppe, 5 EL Gerstenmalz, etwas Zimt, etwas Naturvanille, 1 geviertelter Apfel, im Mixer püriert.

Vollreis mit Shisoblättern:
1 Shisoblatt (entweder von den Umeboshi wegnehmen oder sepa-

rat (milchsauer) gekauft) fein hacken und unter den gekochten Reis mischen.

Zwiebeln mit Shiitake:

4 Zwiebeln fein schneiden und'in wenig Sesamöl glasig dünsten. Von den eingeweichten Shiitake die Stiele entfernen und die Hüte feinnudelig schneiden. Zu den Zwiebeln geben und 10 Minuten mitdünsten lassen. Mit Shoyu würzen.

Knuspriger Vollweizen-Fu:
4 Fu-Ringe in etwas lauwarmem Wasser 10 Minuten einweichen. Das Wasser ausdrücken, den Fu in kleinere Stücke schneiden (jeden Ring in 4 Stücke) und in heißem Sonnenblumenöl fritieren. Mit Shoyu beträufeln.

Karottencremesuppe mit Miso:
6 Karotten in Stücke schneiden und in 1 / 2 Liter Salzwasser weichkochen. Im Mixer pürieren und noch einmal aufkochen lassen. 2 EL Pfeilwurzelmehl in etwas kaltem Wasser anrühren und zur Suppe geben. 10 Minuten leicht kochen lassen, mit Shoyu würzen. Brotwürfel in etwas Sonnenblumenöl knusprig anbraten und in der Suppe servieren. Oder Tamari-Crisps (salzige Reiskekse) als Suppeneinlage servieren.

SAMSTAG

Frühstück: Joghurt aus Sojamilch, eventuell mit frischen Früchten
Mochi mit Gerstenmalz

Mittag: Vollreis mit Süßreis
Misosuppe mit Buchstaben-ABC
Wirsingrouladen

Abend: Süße Nußnudeln
Yannoh-Kaffee

Der am Donnerstag angesetzte Joghurt kann jetzt gegessen werden. Pur oder eventuell mit frischen Früchten, mit oder ohne Gerstenmalz.

Mochi mit Gerstenmalz:
4 Stück Mochi, jedes noch zweimal teilen, in wenig Sesamöl auf beiden Seiten braten, bis sie weich sind. Mit Gerstenmalz beträufeln.

Vollreis mit Süßreis:
Vollreis wie Grundrezept kochen, nur zur Hälfte mit Süßreis.

Misosuppe mit Buchstaben-ABC:
2 EL Dulse, 1 Karotte, etwas Brunnenkresse, etwas weißer Rettich
2 TL Reismiso, 2 EL Buchstabennudeln.
2 Tassen Wasser mit der Dulse zum Kochen bringen. Die Karotte und den Rettich zündholzförmig schneiden und dazugeben. Nach 10 Minuten Kochzeit die zerkleinerte Brunnenkresse und die Buchstabennudeln zufügen. Weitere 10 Minuten kochen, dann das in kaltem Wasser aufgelöste Miso dazugeben. Mit gehacktem Schnittlauch servieren.

Wirsingrouladen:
6 Wirsingblätter, 100 g Gerstenflocken, 3 Karotten, etwas weißer Pfeffer.
etwas Meersalz, 1 TL Tamari, etwas Koriander
Die Wirsingblätter in kochendem Salzwasser blanchieren. Die Gerstenflocken mit doppelter Menge Wasser und etwas Meersalz aufkochen und 30 Minuten quellen lassen. Die Karotten in feine Streifen schneiden und mit den Gerstenflocken und dem Pfeffer und Koriander mischen.
Die Wirsingblätter mit der Füllung belegen, zusammenrollen und in eine geölte Pfanne schichten. Etwas anbraten lassen, 1 EL Wasser und 1 EL Shoyu darübergießen und 25 Minuten leicht garen lassen.

Süße Nußnudeln:
1 / 2 Packung Vollweizen– oder Sojahörnchen, gekocht,
100 g geriebene Hasel– oder Walnüsse, 1 / 2 Tasse Sojamilch,
2 EL Rosinen, 4 EL Reismalz.
Die Sojamilch mit dem Reismalz und den Rosinen erhitzen, die
Nüsse einrühren und die gekochten Nudeln daruntermischen. 5
Minuten durchziehen lassen, mit Zimt bestreut servieren.

Vorbereiten für nächsten Tag:

1 Tasse Kichererbsen mit 1 Stück Kombu einweichen.

Radieschen-Zwiebel-Pickles
1 Zwiebel, 2 Karotten und einige Radieschen fein schneiden und in
die Salatpresse geben. 1 / 2 TL Meersalz, etwas Mirin und Vollreisessig daruntermischen.

SONNTAG

Frühstück: Crêpes mit Reismalz oder Carobaufstich
Getreidekaffee oder Banchatee

Mittag: Vollreis
Frühlingsrollen
Rettich-Ingwer-Sauce
selbstgemachte Pickles
Zwiebacktorte

Abend: Kichererbsencremesuppe
Wakame-Salat mit Orangensaft

Crêpes:
Aus feinem Vollweizenmehl, etwas Sonnenblumenöl, Meersalz
und Wasser einen dünnflüssigen Teig anrühren.
Eine schwere Pfanne mit Öl ausstreichen, erhitzen und dünne

Crêpes ausbacken.
Machen Sie für das Mittagessen 4 Stück mehr mit.

Frühlingsrollen:
Fülle: 2 Stück Seitan, 3 Karotten, 1 kleine Stange Lauch
etwas Shoyu, 1 / 2 Päckchen Bohnenglasnudeln.
Die Bohnenglasnudeln in etwas Wasser ungefähr 10 Minuten
kochen. Abseihen und auskühlen lassen. Das Seitan feinnudelig
schneiden und in heißem Sonnenblumenöl knusprig fritieren. Die
Karotten und den Lauch fein schneiden und separat in wenig Salzwasser kochen. Die Nudeln, das Seitan und Gemüse mischen, mit
Shoyu würzen, und die Crêpes damit füllen. Die Seiten einschla-
gen und zusammenrollen. Mit einem Zahnstocher zusammenhal-
ten. In heißem Sonnenblumenöl fritieren. In die nachstehend
beschriebene Sauce eintauchen.

Rettich-Ingwer-Sauce:
4 EL Shoyu, 4 EL Wasser, etwas geriebener, weißer Rettich, Saft
von frisch geriebenem Ingwer.
Alle Zutaten zusammenmischen.

Zwiebacktorte:
2 Packungen Vollkornweizenzwieback, ungesüßt, 1 Tasse Instant-
Getreidekaffee, 1 / 2 Tasse Pfeilwurzelmehl, 3 EL Agar-Agar-Flok-
ken, 1 Schale Gersten- oder Reismalz, geriebene Schale einer
Zitrone, etwas Naturvanille, etwas Meersalz.
Den Getreidekaffe in 1 Liter warmen Wasser auflösen, den Zwieback auf ein Backblech geben und mit dem Kaffee übergießen.
1 / 2 Liter Wasser mit dem Haselnußmus, Malz, Agar-Agar-Flok-
ken und Gewürzen zum Kochen bringen. Das Pfeilwurzelmehl
mit etwas kaltem Wasser anrühren und unter ständigem Rühren
in das kochende Wasser geben. Für 10 Minuten auf kleiner
Flamme kochen, bis es dick wird. Auskühlen lassen und abwechselnd jeweils eine Lage Zwieback und die Creme in eine Torten-
form schichten. Wenn die Creme erkaltet ist, läßt sich die Torte
aufschneiden.

Kichererbsencremesuppe:
Kichererbsen vom Vortag ungefähr 40 Minuten im Druckkochtopf kochen.

1 EL Sesamöl, 1 gehäufter EL Vollweizenmehl, 3 Tassen Wasser, 2 Tassen gekochte Kichererbsen.

Mehl in heißem Öl rösten, mit kaltem Wasser aufgießen, gut verrühren und zum Kochen bringen, circa 10 Minuten kochen. Mit den gekochten Kichererbsen mixen. Einige Kichererbsen als Einlage lassen. Mit Salz und, wenn nötig, mit etwas Sojasauce würzen. Mit gehackter Petersilie garnieren.

Wakamesalat mit Orangensaft:
2 Streifen Wakame kurz in lauwarmen Wasser einweichen. Klein schneiden und 10 Minuten kochen. Dann mit etwas Shoyu und Saft einer halben Orange würzen. Mit geröstetem Sesam garnieren.

Glossar

Agar-Agar-Flocken:	Geliermittel aus Meeresalgen
Amazake:	süßes Getränk aus fermentiertem Reis
Arame:	Braunalge, in feinen, schwarzen Streifen mit mildem Geschmack
Azukibohnen:	kleine rote, hochwertige Bohnen
Banchatee:	gerösteter, grüner Tee aus drei Jahre alten Blättern des Teestrauches
Bohnenglasnudeln:	hergestellt aus dem Stärkemehl der grünen Mungbohnen
Dendelio:	Löwenzahnwurzelkaffee
Dulse:	Meeresalge aus der Bretagne
Gerstenmiso:	hochwertige, salzige Paste aus fermentierten Sojabohnen und Gerste
Hiziki:	schwarze, fadenartige Braunalge
Kombu:	Braunalge, in harten Streifen
Kombupulver:	Meeresalgenpulver zum Würzen von Suppen und Gemüsen
Kuzu:	wertvolles Bindemittel, aus der Kuzuwurzel gewonnen
Lotussamen:	Samen der Lotuspflanze; zu verwenden wie Hülsenfrüchte
Lotuswurzeln:	Wurzeln der Lotuspflanze, wird verwendet wie Gemüse
Mirin:	süßer Vollreislikör; Kochsake genannt
Mochi:	fester Kuchen aus gestampftem Süßreis
Nori:	getrocknete Rotalge in papierdünnen Blättern
Perlgerste:	Hato Mugi genannt, perlförmiger Samen eines Wildgrases
Pfeilwurzelmehl:	Stärkemehl, gewonnen aus der Pfeilwurzel. Zum Binden von Suppen, Saucen, Cremes.
Rettichpickle:	in Reiskleie und Salz eingelegter milchsauer gegorener Rettich

Schwarzer Fungus:	morchelartiger chinesischer Wildpilz
Seitan:	Weizengluten (Weizeneiweiß), in Shoyu gekocht
Shisoblätter:	milchsauer vergorene purpurne Blätter des Büffelgrases (minzartige Pflanze aus Japan)
Shiitake:	japanischer Baumpilz, auf Shii-Stämmen gezogen
Shonai-Fu:	dünne Blätter aus dem Klebereiweiß des Vollweizens
Shoyu:	flüssiges Würzmittel aus fermentierten Sojabohnen und Vollweizen
Soba:	japanische Buchweizennudeln
Süßkartoffel:	Gemüseart aus Südamerika, nicht zu verwechseln mit der herkömmlichen Kartoffel
Süßkürbis:	mehliger, orangefarbener Kürbis, auch Hokkaido-Kürbis genannt
Süßreis:	klebereiweißhaltige Reisart (Grundlage von Mochi)
Suribachi:	Tonreibeschale für Samen und Gewürze
Tahin:	Paste aus gemahlenem Sesam
Tamari:	flüssiges Würzmittel aus fermentierten Sojabohnen
Tekka:	Streuwürze aus Miso und Gemüse
Tempeh:	eiweißhaltige indochinesische Spezialität aus fermentierten Sojabohnen
Tempura:	in Teig fritierte Speisen
Tofu:	quarkähnliches Produkt aus Sojabohnen
Tofu, getrocknet:	in Schnee und Sonne gefriergetrockneter Tofu, dadurch sehr lange haltbar
Umeboshi:	milchsauer vergorene, in Salz eingelegte, wilde Aprikosen

Umeboshi-Essig:	bei der Gärung der Salzaprikosen entstehender Saft, als Würzmittel für Salate, Saucen und Aufstriche
Umeboshi-Konzentrat:	stärkender Extrakt der milchsauren Salzaprikosen
Umeboshi-Mus:	entkernte und pürierte Salzaprikosen
Vollreisessig:	milder Essig aus vergorenem Vollreis
Vollreismalz:	aus gekeimtem Vollreis hergestelltes Süßmittel
Vollreismiso:	hochwertige, salzige Paste aus fermentierten Sojabohnen und Vollreis
Vollweizen-Fu:	getrocknetes, ungewürztes Klebereiweiß des Weizens
Wakame:	Braunalgen in langen Streifen
Wasabi:	sehr scharfe, grüne Paste, dem Meerrettich im Geschmack ähnlich
Yannoh:	Getreidekaffee
Zweigtee:	gerösteter, grüner Tee aus Zweigen des Teestrauches, ungefärbt

Quellenverzeichnis

Aihara H., Basic Macrobiotics, Tokyo und New York 1985 (Japan Publications).

Bruker M.O., Krank durch Zucker, Bad Homburg, Helfer Verlag.

Bruker M.O., Die Deckung des Eiweißbedarfs, Lahnstein, EMU Verlag.

Bruker M.O., Vitamin B$_{12}$, Lahnstein, EMU Verlag.

Ciba Geigy, Medizinische Tabellen, Documenta Geigy.

Deutsche Gesellschaft für Ernährung e.v., Ernährungsbericht 1984, Frankfurt/Main.

Elmadfa/Cremer/Fritzsche, Die große Gräfe und Unzer Vitamin- und Mineralstofftabelle, München 1985, Verlag Gräfe und Unzer.

Goetz R., Kochen mit Meeresgemüse, Berlin 1986, Verlag Bruno Martin.

Hauschka R., Ernährungslehre, Frankfurt/Main 1982, Vittorio-Klostermann-Verlag.

Koerber/Männle/Leitzmann, Vollwerternährung, Heidelberg 1986, Haug-Verlag.

Kornhofer R., Kochen nach dem Weg der Natur, Wien.

Kushi M., Die Makrobiotische Hausapotheke, Rehlingen 1985, Verlag Ost-West-Bund.

Mayli, Glücklich Mutter werden und sein, Wien 1981.

Lorenz/Virag, Der Weg zur Naturkost, Wien.

Schneider E., Nutze die Heilkraft der Natur, Hamburg 1985, Saatkorn-Verlag.

Seibin/Arasaki, Vegetables from the Sea, Tokyo 1983 (Japan Publications).

Shurtleff/Aoyagi, Das Miso-Buch, Soyen 1980, Ahorn-Verlag.

Shurtleff/Aoyagi, Das Tofu-Buch, Soyen 1981, Ahorn-Verlag.

Souci/Fachmann/Kraut, Wissenschaftliche Tabellen, Stuttgart 1986/87.

Wollner A., Das Makrobiotik-Dessertbuch, Rehlingen 1986, Verlag Ost-West-Bund.

Wollner, A., Das Makrobiotik-Snackbuch, Rehlingen 1986, Verlag Ost-West-Bund.

Lexikon mit 142 verschiedenen Ölen

Das Buch von Michael Kraus ist dem Geruchssinn gewidmet, der bisher zu Unrecht weit hinter den anderen menschlichen Sinnen zurückstand.
Es werden zum ersten Mal 142 verschiedene Öle vorgestellt und umfassend besprochen. Das Buch bietet eine wertvolle Hilfe für jeden, der sich ausführlich über die verschiedenen ätherischen Öle und ihre körperlichen und seelischen Wirkungen informieren will.

M. Kraus
„Ätherische Öle
für Körper, Geist und Seele"
ISBN 3-923330-16-2,
153 Seiten, 19,80 DM

M. Kraus
„Massage, Meditation und
Bewegung mit ätherischen Ölen"
ISBN 3-923330-36-7,
96 Seiten, 19,80 DM

Massage, Meditation und Bewegung

Michael Kraus bringt uns mit diesem Buch von den destruktiven Pfaden starrer, passiver Verhaltensmuster ab, um uns den Weg zu einer bewußten, dynamischen Lebenseinstellung zu weisen. Ob wir in der partnerschaftlichen Bezogenheit einfühlsamer Massageberührungen lernen, die Sprache unseres Körpers zu verstehen, meditierend unsere Verbundenheit mit der gesamten Existenz erfahren oder in der Bewegung die Quelle unserer physischen wie psychischen Vitalität erschließen – ätherische Öle können uns mit ihren subtilen Wirkungsweisen wertvolle Begleiter auf diesem Weg zu einem ganzheitlichen, erfüllten Leben sein.

Verlag Simon & Wahl
Am Mauret 2 • 85116 Egweil